中國旳圍棋

[日]安永一 著　　　　[日]松谷曉明 译

長春出版社

全国百佳图书出版单位

图书在版编目（CIP）数据

中国的围棋 / [日]安永一著，[日]松谷晓明译.—长春：长春出版社，
2012.4
书名原文：中国の碁
ISBN 978—7—5445—2119—2

I.①中… Ⅱ.①安… ②松… Ⅲ.①中外关系—国际关系史—通俗
读物 Ⅳ.①D829—49

中国版本图书馆 CIP 数据核字（2012）第 045778 号

CHUUGOKU NO GO
© HAJIME YASUNAGA 1977
Originally published in Japan in 1977 by JIJI Press Publication Service, inc.
Chinese (in simplified character only) translation rights arranged through
TOHAN CORPORATION, TOKYO.

中国的围棋

著　　者：[日]安永一
译　　者：[日]松谷晓明
责任编辑：程秀梅
封面设计：郝薇薇
棋谱编制：燕十三
头像设计：于明雷

出版发行：长春出版社　　　　　　　　　总编室电话：0431—88563443
　　　　　发行部电话：0431—88561180　邮购零售电话：0431—88561177
地　　址：吉林省长春市建设街 1377 号
邮　　编：130061
网　　址：http://www.cccbs.net
制　　版：恒源工作室
印　　刷：吉林省百纳印刷有限公司
经　　销：新华书店

开　　本：787 毫米×1092 毫米　1/16
字　　数：110 千字
印　　张：15.5
版　　次：2012 年 4 月第 1 版
印　　次：2012 年 4 月第 1 次印刷
定　　价：49.00 元

▲ 安永一先生

▲ 新布局三巨头：吴清源（左）、安永一（中）、木谷实（右）。

▲ 1983 年，安永先生与藤泽秀行、聂卫平一起参观成都棋院。

▲ 1990 年，安永先生应中国围棋协会邀请来京度过九十寿辰，从中国国家体委副主任李梦华先生手中接过中国围棋界的寿礼。

▲ 安永先生在寿宴上接受陈祖德、王汝南的敬酒。

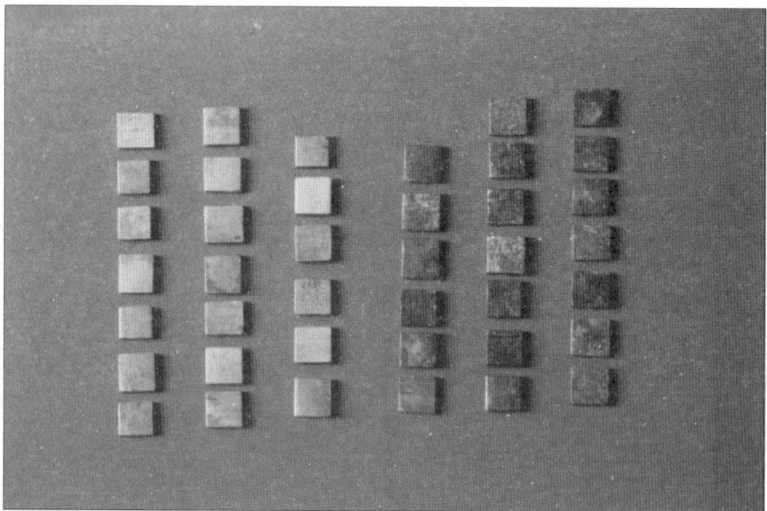

▲ 亳州市元宝坑村汉墓出土东汉象牙围棋子。

▲ 山东省邹城市西晋刘宝墓出土石质围棋子。

▲ 河南省安阳县张盛墓出土隋代白釉瓷围棋盘。

▲ 新疆吐鲁番阿斯塔那唐代墓葬出土木质棋盘。

▲ 西藏墨竹工卡县强巴米久林宫殿遗址出土围棋盘。

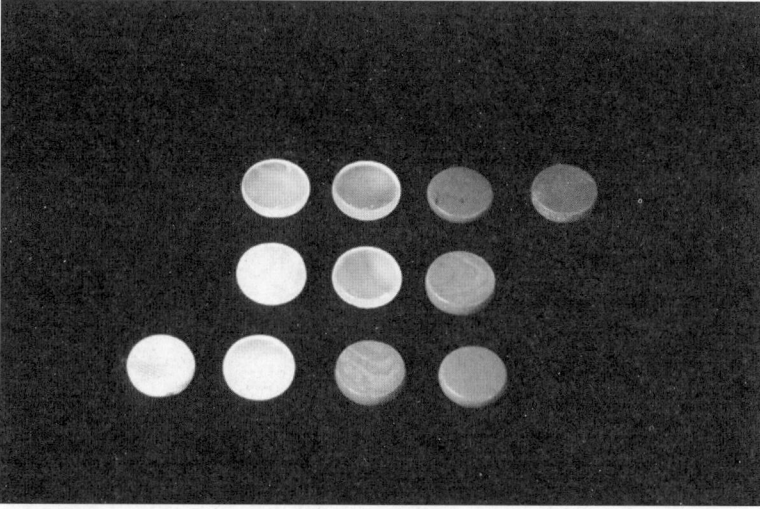

▲ 北京石英房元代居住遗址出土玛瑙围棋子。

▲ 明鲁荒王朱檀墓出土料制围棋子及棋盘。

▲ 明黑漆棋桌。

▲ 清代碧玉白玉围棋子。

▲ 安永先生与热爱围棋的陈毅副总理亲切握手。

▲ 安永先生与陈毅副总理亲切会谈。

中文版序

安永一先生是日本围棋界的前辈，也是中国围棋界和中国人民的老朋友。

安永先生不仅仅是一位著名的棋手，更是一位重量级的围棋活动家和围棋理论家。在几十年的围棋生涯中，他可以说一直站在围棋发展进步的前列，常常能够见人所未见，想人所未想，走出前人所没有走过的新路来。

1928 年，日本的秋季大手合上，在濑越宪作与高桥重行的对局中发生了"万年劫事件"，惊动了本因坊秀哉和日本棋院副总裁大仓喜七郎，经反复研究，最终竟做出了"白胜，黑不败"的史上绝无仅有的奇特裁定。为此，安永先生痛感日本围棋一直以来，那些所谓约定俗成的规则体系存在的巨大漏洞，于是，连续在《棋道》杂志上撰文，呼吁改革。1932 年发表了被日本棋界称为"安永宪法"的《围棋宪法草案》，直接促成了世界上第一部围棋规则的诞生。

1933 年的秋季大手合上，吴清源和木谷实——当时尚在英年的两位大师，打破日本围棋传统的窠臼，试用新的布局手法，让人耳目一新，并取得了令人瞩目的战绩。安永先生敏锐地捕捉到了这一时代的动向，亲自执笔，给新下法以理论的归纳和总结，与吴清源和木谷实三人合著了《围棋革命新布局法》，于翌年推出，立刻在日本围棋界掀起了巨澜，推动了围棋理念的重大革新和进步。这段掌故今天的年轻人或许知之甚少，但当时确是围棋爱好者耳熟能详的。

1947 年，坂田荣男等几位年轻棋手，因为不满日本棋院的混乱管理，脱离日本棋院，组成"围棋新社"，这一举动促使日本棋院进行改革。而为这些棋手出谋划策，并帮助他们撰写脱离声明的，还是安永先生。

后来，安永先生放弃了职业段位，转入业余围棋界，参与了日本业余围棋联盟的创建，并担任理事长。此后，日本业余围棋联盟一直积极地推动日本业余围棋活动的开展。

安永先生那种超常敏锐的洞察力和坚定的执行力，源于他独特的经历和丰厚的学识。他自幼博览群书，喜爱历史，尤其是中国历史。由于他的聪明与勤奋好学，早在青年时代就培养了他那种强大的学习能力。高中毕业之后考入日本东北帝国大学攻读工业与数学专业。在 20 世纪 20 年代，曾受到当时日本社会上风靡一时的左翼思潮影响。在几十年的围棋生涯中，他曾经长期主持《棋道》和《围棋春秋》等杂志的编辑工作，而且编写了大量与围棋相关的书籍，更加拓宽了视野，积累了大量与围棋有关的资料及丰富的编写经验。

安永先生的独特之处，在他的棋风当中也有清晰的表现。他的棋不拘一格，有自己独特的理论体系，从不囿于前人成法，而是自由奔放，富有朝气，被人称为"安永流"。今天，名满天下的"中国流"实际上也是受到"安永流"的启发。他的名言是："盈尺纹枰，原本应该是自由的天地。"

更为难得的是，安永先生对中国棋手和中国人民都非常友好。

20 世纪 60 年代前期，安永先生多次到中国来传授棋艺，交流心得，对中日之间所进行的各项围棋交流，安永先生都是热心的支持者和参与者。

每当中国围棋代表团访问日本时，安永先生通常是全程陪同，亲自到机场迎接，宴请中国代表团成员，帮助中国棋手复盘，对中国棋手进行帮助和指导。我们中国棋手受益良多，对他的热情自然也感触颇深。每当我们取得好成绩时，他甚至比我们还要高兴，而当我们表现不佳时，他却比我们还要着急。记得有一次，他还批评我们说："你们不该这样，社会主义制度应当战胜资本主义制度。""文革"之后，安永先生最先到中国来，寻找我们这一代棋手，积极促进中日围棋交流的恢复。

在棋盘之外，安永先生也为日中友好做过许多实实在在的工作。他曾经长期担任日中友好协会的常任理事，20世纪70年代中日建交之前，为了征集支持两国建交提议的签名，他和其他一些日本棋界前辈曾经亲自走上街头，举着日中两国的小旗，呼吁日本民众支持日中建交。

像安永一这样的老朋友，得到了我们发自内心的尊敬。1990年，中国围棋协会特邀安永老先生到北京来庆祝他的九十寿辰。当时中国国手们还送了安永先生一幅大家签名的书法作品，写的是：

经纶安所施，
笑谈永日欢，
碧间一枰秋，
延年寿千霜。

里面藏着"安永一寿"四个字。记得当时安永先生非常高兴，振臂高呼"中国万岁"，并赠送给我们刻有安永一名字的日本产精工手表。九十高龄的他，寿宴次日还要专门指导中国的小棋手。

总之，安永先生对中国非常友好，对中国围棋非常了解，非常关注。早在20世纪70年代，他就在本书中，对以聂卫平为代表的中国棋手给予了很高的评价，并预言中国围棋很快就会赶超日本，充分体现出他的远见卓识。

同样难能可贵的是，安永先生对日本棋界的种种弊端毫不避讳。在对中日规则的比较当中，深入浅出地对日本规则不合理之处予以指明，对日本式不合理的围棋思考方法进行了深入的剖析与批判。

这些都是安永先生这本著作的闪光之处，更值得重视的是，安永先生对中国古代围棋的精深研究和独特思考。

关于中国古代围棋起源，关于商的围棋与周的围棋，关于西藏围棋，关于围棋棋盘与数字的关系，安永先生在这些领域的研究可谓是前无古人。而这正是需要我们中国的围棋研究者，下大力气去认真深入探究的。

客观地说，安永先生不仅在这些领域，而且在对中国围棋的系统梳理，甚至对整个中国围棋历史的研究，以及中日围棋文化交流史的研究诸方面，他也是领先的和超前的。

当然，那个年代，安永先生又身在日本，所能够拥有的中国方面的资料是较为有限的，更多的是依靠日本学者们的搜集和整理，因此，也就不可避免地造成了一些缺憾，比如对清代围棋大繁荣时期的认识不足等，不过瑕不掩瑜，本书仍然不失为一部系统认识中国围棋的力作。

《中国的围棋》原本是安永先生写给日本读者看的，现在看来，也给中国围棋界留下了十分珍贵的研究成果。

安永先生逝世已经近二十年了，他所留下的精神财富依然在滋养着围棋界的后人们，也希望后来的围棋研究者们，能够从安永先生一生为围棋事业所做出的贡献，从他所著的《中国的围棋》这本书中获得更多的启发、更多的激励，将中国围棋的研究推向一个新的高度。

《中国的围棋》中文版，之所以能够顺利地、高质量地出版，除了有赖于专业围棋编辑高水平的编辑以外，还得到中国著名职业棋手聂卫平、孔祥明、曹大元、华学明、徐莹，著名围棋人李洪洲、何香涛的大力支持；日本方面则有日本时事通信出版局、成田胜先生、柳田泰山先生和安永一先生的女儿安永よう子女士的大力协助，还有本书的赞助商程谟伟先生，以及长春出版社杨德宏社长、郑晓辉副社长、程秀梅编辑的帮助。在此，我谨代表中国围棋界及广大中国围棋爱好者，向所有为本书出版努力工作、给予帮助的同仁和朋友们，致以诚挚的谢意。

中国的围棋是中华文化的瑰宝之一，璀璨的围棋瑰宝是人类文明智慧的结晶。让我们大家携起手来，为了中国的围棋，为了世界的围棋做出更多的努力、更多的贡献。

中国围棋协会主席 王汝南

安永一先生与中国围棋

安永一先生是棋界顶尖的中国通，他在中国围棋史方面的研究成就也毋庸赘言。本书堪称是总括全部中国围棋历史的决定版。自中国围棋史开篇之日，直到现代中国围棋的整个发展过程，以及现代中国围棋界的全貌，还有各种相关背景，都得到了系统地描述。

笔者亲身经历了近代日中围棋交流史，在此期间，中国年轻棋手们奋发向上的"大跃进"，中国围棋整体的走强，到底是何原因，本书对此给予了明快的解答。

安永一先生不仅是中国通，也是日本围棋界的开拓者，业余围棋的先驱和大师。不仅在业余围棋界，而且在整个日本围棋界，他都是一位大前辈。

安永一先生1901年出生，直到本世纪，对于他所留下的足迹，专业棋士，业余棋手以及其他围棋人，都不能不怀着深深的敬意。为了慰劳先生多年为围棋事业所做的耕耘，全国各界围棋人士聚集一堂，举行盛会为之祝贺，会上，日本棋院特赠予七段以表彰先生多年为围棋事业所做的贡献。

在这诸多贡献当中，被称做"现代围棋技术革命"的《新布局法》的完成就是其一。完美地将木谷、吴两大围棋天才的研究成果总结集成，呈献于世的，也是当时年仅三十岁的安永先生。

安永先生围棋理论的根本，被称做安永主义、"安永流"，是一种无法模仿的极度拓展视野的全局观，以追求子的效率为基调的"安永流"，即使是在一流的专业棋士当中，也不乏与之共鸣者。

其中又一，就是现今所流行的"中国流"。人们称之为"中国流"的这个布局构想，其实是"安永流"。自古以来，日本的布局法就是，以在角上两手守角作为起点，这缔角的决定性价值是绝对不容置疑的。然而"中国流"却是直接向边上展开立体的构图，最后再斥主力向中原发展，这其实是以自古以来的日本布局法作为根底的一种演变。

几年前，先生在与中国棋手的谈话中曾提起这个布局构想。中国棋手受到先生的启发，认真研究并开始在实战中运用。

这种下法出现在日中棋战当中，日本棋手又将其带回日本，尔后在日本大为流行。真是有趣，无论在国内国外的围棋界，安永主义都具有这样伟大的影响力。

现代中国围棋，经与日本围棋交流后大为改观。1960年，日中两国开辟了围棋交流的路径。从那时开始直到现在，中国的水准急剧上升。就日中棋战双方的成绩来看，差距在不断地缩小。几年前，总数中方竟然胜出。现在如果说中方的棋力水准已经压倒了日本，那还为时过早，但是日本对于中国围棋界的关注度确是越来越高了。

中国正在努力培养青少年棋手，他们之中隐藏着巨大的潜力。陈祖德、聂卫平、孔祥明等俊秀，未来都有崭露头角的机会。这是所有访问过中国的日本棋手的共识。关于中国围棋的急速上升，以及未来的巨大潜力，安永先生就像无比锋利的外科手术刀一样，给予了清晰明了的解明。

现在的日中围棋交流我也参加了，在中国交了很多朋友，三次访中是至为宝贵的体验。我感触最深的，是中国棋手专心致志，要把日本棋手的所有能力都学去的那种强烈的热情。局后尽最大的努力进行研究,毫不气馁的真挚态度,把围棋当做科学一样研究。

现在中国的领衔棋手、中坚棋手,还有十来岁的后备少年,无论男女,哪怕以日本棋手的习惯看去,也都是礼貌周全、可敬可赞。

在本书中,安永先生给予中国棋手很高的赞誉,并预见他们今后的飞跃,也给我们日本围棋界敲响了警钟。

各位读者,七十几年来,一生以围棋为命的安永先生,他对于围棋的热爱,他对于围棋人的热爱,你一定会在这字里行间深深体会到的。

菊池康郎

1977 年盛夏

译者的话

　　20 世纪 60 年代，中国围棋的崛起，引起了日本及世界围棋界热切关注。由于安永一所处的特殊位置（《棋道》杂志总编）和他在日本围棋界的崇高地位，以及他过人的博学多才，他自己深感全面解明中国围棋现象，是时代赋予他责无旁贷的历史使命。经过长时间的准备，与日本东方、中国文化研究学者小松田良平、小川琢治、贝塚茂树等合作，并取得著名华裔棋手吴清源，还有世界著名汉学学者杨联升（美国哈佛大学终生教授）的帮助，不仅收集了与围棋有关的所有日本史料，还找到了当时在日本能够找到的与中国围棋有关的所有史料，在他艰苦不懈的努力之下，最终，于 1977 年出版了《中国的围棋》。

　　《中国的围棋》面向广大日本围棋爱好者，全面综述中国的围棋，不仅仅是诠释当代中国围棋现象，而且以他日本围棋研究学者的角度，试图描述中国围棋（当然也是世界围棋）的发生、发展的全貌。

　　在当时特定的历史环境之下，互联网还没有被广泛使用，中日之间的学术交流、资料获取并非容易。书中所涉及中国古代历史的一些情况未免有不够准确的地方，只能代表当时日本对中国文化史研究的水准。

　　尽管留下了这些缺憾，但《中国的围棋》不失为了解中国围棋历史全貌的一本好书。对围棋的起源、对西藏围棋的分析和研究，对中日围棋文化交流的分析和研究，部分地填补了中华围棋发展史的空白，贡献卓著。

作为译者，我愿与中国读者共同享用《中国的围棋》给我们带来的丰硕成果，与此同时，不忘安永一当年那种努力不懈的研究精神，为做好中国围棋的事尽自己的一份力量。

松谷晓明

序

很早以前，我就对中国围棋深切关注。

围棋本来并没有什么特别的制约。限制行动的规则也很少。与其他游戏相比较，比如将棋，金、银、飞车、角等等，都有其特定的行动规则。而在围棋里这样的规则一个也没有。

围棋只有"气尽棋亡"这唯一的规则，如此自由的游戏是不多见的。正是这个原因，各个时代的围棋思想很容易受到外来的影响。

社会主义新中国诞生，围棋这有着几千年传统人类智慧的结晶，在社会主义新中国会受到什么样的影响，我抱有特别的关注。

围棋是一种胜负的游戏，在这个游戏中，同一时代杰出优秀的胜者，受到赞誉。

而一般民众当然也是向这些胜者学习的。

现在的中国围棋人，向先进的日本围棋学习的这种一边倒的态度，我却是无法给予全面的肯定。

日本的围棋确实是先进的。我们现在眺望和凝视日本围棋史，以及日本社会发展史，发现至今仍然存在一些不正确的东西。例如，对于既成的构想过于重视，人们通常所说的教条主义。这对于现代日本围棋有着极大的影响。关于这一点，经再思三省，我认为不仅仅是在中国，在围棋已经扩展到的世界各个地域，都应该确立"造反有理"的理念。

围棋作为一种游戏，最初几无行动的制约，完全是自由的天地。其实制约是必要的，有如国家社会对于全体人们的福祉。而对于围棋来说，就是一局棋终了时的胜负。

而胜负，即是放子于棋盘上的总体利益。但回顾历史却并非如此，历史总是在创造者的苦与乐中，无限地不断地发展。至少我的愚见是如此。

在全人类智慧的结晶（社会主义体制）下，中国围棋到底是怎样发展的，又会向着怎样的方向去前进呢？

本书就是选择了这个角度进行观察。当然，书中一定会涉及中国围棋发展史。

笔与思并拙，意虽在先，而言不及义之事常有，深为惭愧。祈望多多原谅。

安永一

1977 年盛夏

目　录

第六章　棋风的变迁·元明

第七章　棋风的变迁·清

第八章　棋风的变迁·现代

第一章
中日规则的差异

中国的基本规则

最近，日中间对局的机会增多了。日本的围棋爱好者们对于日中围棋的下法有所不同，已渐渐开始察觉。

事实上，规则的不同，必然造成战法的不同。在详述不同的战法之前，必须先说明一下规则有哪些不同。

日本规则与中国规则的不同，向前追溯，在德川家康那个时代就已发现了问题。安藤如意所著《坐隐谈丛》（广月绝轩补订，平凡社出版）中就曾记载：

享保十二年（1727 年）正月二十六日，黑田丰后守下达了进一步确认围棋及将棋由来的命令，于是四家（家元四家）于二十七日召开会议。辽山忠左卫门，还有松久寺主持一并参加。二十八日由松久寺主持等执笔，做成调查报告。二十九日，由本因坊道知将报告呈于奉行所。其文如下：

1

"围棋自尧舜时始，最初由吉备公带回日本。自此传来本朝，至今已甚为流行。而围棋之法则亦由海外传来，凡古今并无不同，诸多参与中国元代之书——《玄玄棋经》。

围棋之下法，彼中国，由四角（四隅）向中央相互逐渐置子，亦由《玄玄棋经》中所见，唯近有于四角缠斗开始之状。

异国，终局时胜负计算之具体方法不详。

近恰有朝鲜人来我朝，于招待中得以对弈，唯彼朝鲜人棋非属上达，其方仍不详。

琉球人于天和宝永来朝之时，与松平萨摩守曾对弈，其下法与日本相通。本因坊让三四子之程度。

本朝自获知围棋以来，尤至信长公时代，大力推行于世，秀吉公以来，棋所、手合等相继确定。

以上。"

正是从以上的文件中我们看到，日本规则与中国规则的不同，是从德川家康时代就已经知道的了。其中，有这样一条："异国，终局时胜负计算之具体方法不详。"自明治之后，大正、昭和，直到今天，为专业棋手而设立了日本棋院这样的大组织，一直以来，日本围棋界并没有究明规则不同的意愿。直到昭和三十五年（1960年），待望已久的日中围棋交流开始了。我们这才终于明白了所谓中国式围棋当中的种种疑问。

一般来说，无论是日本规则还是中国规则，其胜负的结果似乎是一样的，大家都仅仅抱着这样一种漠然的态度。但确实如此吗？也有人认为日本的围棋已经如此的隆盛，所以不需努力去了解中国规则。还有一种，以为日本规则是进步的计算方法，已无可挑剔。在此，"一等国日本"的那种夜郎自大的面孔略有流露。但是，这种安逸的见识实在是错误的。日本规则中先进的计算方法确是事实，并非毫无缺欠。关于这一点，在以下的研究中我们可以很清楚地看到。

首先，我们把日中两种规则中的不同点归纳对比如下：

日本规则

1．"驮目"（单官）"无用"。

2．对局中所提对方的棋子，自行保管，终局时，将提子填入对方的空中，然后计算空。

3．无论是在自己的"地"中，或对方的"地"中下无意义的一子，都将自损一目。

4．终局时，必得整数值（贴目棋除外）。

5．计算方法，双方的空均须计算。

中国规则

1．没有"单官无用"一说。在日本"无用"的单官，在中国则有一子的价值，双方必须收完最后一个单官。

2．双方所提对方的棋子，与计算无关。

3．无论是在自己的"地"中，或对方的"地"中下一子，都不损。

4．终局时，必出现半子。

5．终局时，计算一方即可（无论是黑白哪一方进行，其结局一样）。

这便是日中两方规则不同的地方。以下为了更加简明，我们概括一下："中国规则，最后在盘上活子多的一方胜。"

首先，这与日本的围棋是以"夺地"来取胜负的思考方法有所不同。中国规则是没有"无用"这一概念的。中国认为，日本围棋规则中，所规定的"无用"其实是否定"无用"的存在。为什么会这样说呢？因为这些连接在活棋上的"无用"，都一个接一个地增加着活棋。

其次，是"提子"的问题，"提子"对于中国规则的计算没有意义。也就是说，将盘上双方的活子加以比较就得出了胜负的结论。在终局时，将提掉的子返还给对方，这与计算胜负毫无关系。

这就是从我国德川时代起就留下的问题，但是直到现在，中国规则中的这些疑问点仍然没有得到解明。这些规则揭示之后，总有一天会得到冰解的。

以上揭示了日中两种不同的规则。先将原则放在一边，现实中完全可能出现这样一局棋，在使用中国与日本两种不同的计算规则，其胜负的结论却完全不同。以下我们将详尽地进行比较研究。

"地"的问题

"单官无用"、"提掉的子"等等，这都是体现日本围棋的特征——"地"。日本围棋的计算是，最后终局将黑白双方的"地"加以比较。在这种情况下，"提子"的问题就出来了。正如日本的读者所知道的那样，终局时，对局双方将"提子"放入对方的"地"中。每放一子，对方的"地"就会少一目。

十分明确的是，日本规则的"地"，就是一方的棋子所围的空。我们再进一步考虑，如果在这一方的棋子所围的空中，另一方的棋子在其中活了，那么这"地"就不存在了。

也就是说，除了围起来之外，还必须有"对方棋子在其中不能存活"的这样一个基本条件。

于是，既然成为自己的"地"了，自己往"地"里放子是不会死的，对方往自己的"地"里放就可以杀掉，这才是日本样式的"地"。

日本围棋规定"地多的一方胜"，当然就把扩展地域作为目的。所以那些成不了"地"的单官，我们认为是"无用"。中国规则是不认可"无用"的。

中国的围棋也不是完全不要日本的"地"，比如互先的棋，白黑相等，或是黑多一目，棋局结束时双方都没有死子。

现在，让我们来看看如果一子也没有被吃就终局的情况。我们再假定最后一手棋是白子（终局时，最后一子是黑还是白，有可能要差$\frac{1}{2}$子）。这棋盘面黑白子的数量相等，从"盘上活着的棋子"这一点来看，无论黑白双方都可以往自己的"地"里下子，不用担心被吃掉，就是说下的是活子。这就是中国规则以活子相比较原则的程序。

尽管中国人总是表现出悠悠的那种"大人"风度，在这里，往自己的"地"里填子的这个动作，还是显得无聊。在这种情况下，对局的双方合意就可以了。

往这种"空地"里填子实在没有意思，当然是应该将"地"进行比较来决定胜负，如果能这样的话，中国规则也好，日本规则也好，都是"地"多的一方胜利，而且一点也不会出错。

以上是我们所举的一个特殊的例子，日中两规则完全一致的例证。其他情况大体也是同样，这就是在很长的一段时间里，日中两规则的计算方法，有一半的结果一样的理由。

但是，日本的"地"及中国的"活子"，由于这两个基本点的不同，还有胜负完全不同的例子。

半子之差

刚才我们曾提到，中国的棋常有半子之差。用以下的方法来考虑就很简单。总之，日本的计算方式是将双方的"地"加以比较，而中国的计算方式则是棋盘上的总目数分为两半，也就是将 $361 \div 2 = 180.5$，作为一方的归本数，再在这个归本数的基础之上，看"活子"多还是少来确定胜负。如果一方要是多于 180.5 子，而另一方必然少于 180.5 子。永远是以一方的子来进行计算。所以，总会出现半子之差。我们将这种情形在下面的实际棋盘中加以说明。

图一 （没有必要用 19 路盘，这里的 7 路盘可以看做 19 路盘）。

这里我们不论各自着手的好坏，到白 36 为止，终局。

用日本规则来计算：

黑地——左下角 4 目，右上角 4 目（其中包含 1 个死子），计 8 目。

白地——7 目。

图一

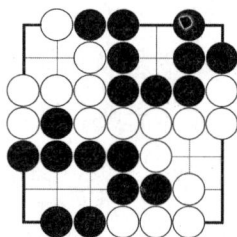

图二

双方相比，黑 1 目胜。

然后我们再用中国规则对图一进行计算。刚才我们已经提到了，中国规则的计算方法是对黑白双方的其中任何一方进行计算。

图二 首先，让我们回到双方的归本数，这是个小巧的 7 路

盘，$7 \times 7 = 49$，$49 \div 2 = 24.5$，双方的归本数就应该是 24.5 子。

黑方现存活子数——右上角 9 子，左下角 9 子，围空是右上角 3 子，左下角 4 子（死子与计算无关，从盘面上清除掉就可以了）。

黑方合计，$9 + 9 + 3 + 4 = 25$，这个数再与黑方应该所持的归本数 24.5 加以比较，$25 - 24.5 = 0.5$，结果是黑半子胜。

这是对黑方进行计算，反过来对白方进行计算的话其结果也是一样，白方半子负。

如果上述这种中国式的计算方法通用于所有的胜负，似乎中国式的计算仅为日本式的一半，其胜负的结果又都一样，但其实并非如此。也就是说，一方是要"地的拓展"，而另一方是要"子的生存"，这两个完全不同的前提并立，当然问题就出来了。

但是我们不得不承认，如图一和图二所示，用日本式计算方法与中国式计算方法所得出的结果没有差别。

胜负不同的结果

综上所述，正因为中国规则是以活子作为基点的，日本式的"无用"在此完全行不通，一个日本式的"无用"，对于中国规则来说是一个棋子得以生存，当然就有价值了。

就是这个原因，用中国式的计算方法，胜负与日本方法相反的例子也生出来了。

图三　日本规则这是"双活"，中国规则这也是"双活"，没有问题，问题在于 D 点。

日本规则规定，"双活"中的"地"是不准进入的，那么就是说，这个"双活"中的 A、B、C、D 不纳入"地"的计算。

而中国规则认为，自己是可以放进去一子的，当然就有一子生存的权利。在这种情况下，无论黑白双方在 A、B、C 这三点当然都不能下子，但是 D 点，黑是无法下的，而白是总会有机会下到的。所以，在中国规则中，D 点是白方一子的"地"。

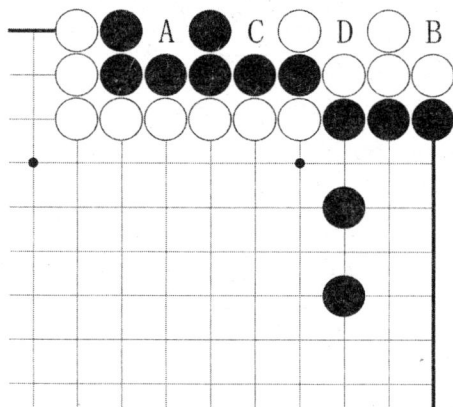

图三

如果这局棋终了，"双活"以中国规则来计算的话，白方 1 目胜。严密一点来说，根据中国的计算方法，应该是半子胜利。

围棋中，棋局终了，像这样一方不能下，而另一方可以下的情况并不少见。这就是问题。而且，不仅仅是相差一目，差好几目的情况也都会有。想要通过调整这一目之差，使日中两种规则并行是办不到的。

以下我们列举一两个同样的例子，简略说明。

图四 这里的 A 点和 B 点与图三的 D 点一样，棋局终了时，黑方可以将棋子放入，这种情况与日本规则的计算相差 2 目。

图五 这里也是"双活"，当中的"无用单官"A 点和 B 点，白方下的话不会改变"双活"，黑方是不能下的，黑方如果下了的话，整块黑棋变成"刀把五"死棋。正是因为如此，A、B 两点，在中国规则的计算中，是属于白方的"地"。

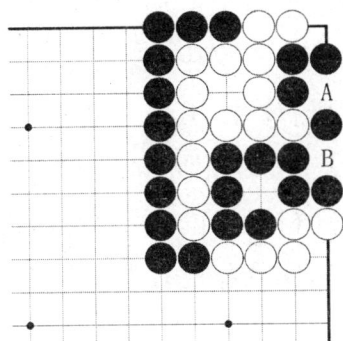

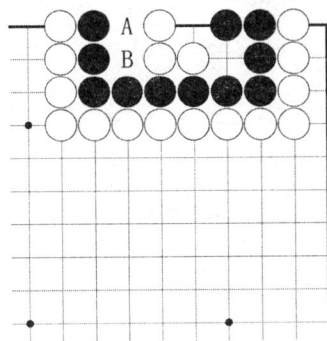

图四　　　　　　　　　　　图五

官子下法的不同

　　图六　按照日本式的规则来判断，只剩下了角上的这个半目劫，黑 1 粘，棋局终了。但是，如果是中国规则的话，黑 1 粘就损了。

　　图七　按照中国规则，在这种情况下，一定要下黑 1，以下至黑 5 把劫打回劫胜，结果黑方获利。

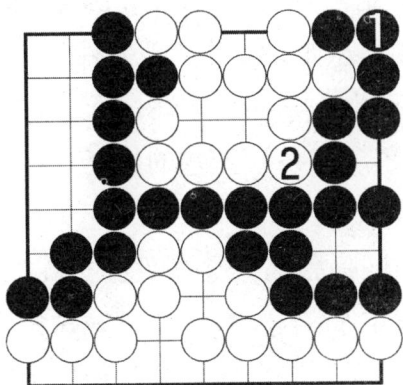

图六

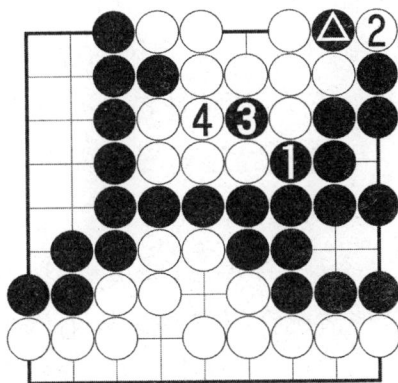

❺＝△　　　图七

9

图六与图七的不同之处在于，图六中的白2正如我们看到的，被图七中的黑1所占。其他都是一样。结局是图七比图六多得1子。

图八 在这里，如果是日本规则的话，黑1白2都会被黑白双方当做"无用单官"去下，但要是中国规则就不一样了。

那是因为，如果轮黑下，黑的劫材又多的话，黑将如图九中的黑1抛劫，然后劫胜占据A点，与图八相比，黑多得1子。

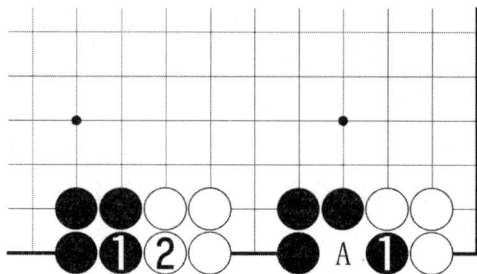

图八　　　图九

"盘角曲四"会怎样

图十 这个图形，在日本叫做"盘角曲四"，被规定为无条件死亡。但实际上，黑下A点被提，接下来是劫，并非无条件死亡。为此，日本规则加上了各种各样的理由。其实这个角的无条件死亡，是必须经过劫来解决的。换言之，有条件死亡的棋子，被硬性规定为无条件死亡。

经常被初学者问道："这盘角曲四为什么是无条件死亡呢？""这种情况在很久很久以前就这样规定了。"没有办法只好这样回答。在中国规则中没有"盘角曲四已死"这个概念，就连思考方式也完全不一样。这是日中两规则中的重大分歧。

这里，我们想再一次回到本书的起点，中国规则与日本规则的根本不同是，中国规则是以黑白双方在盘上活的子及地的总和数来决定胜负的。所以，在终局后，在自己的地里下子（日本规则的话，每下一子就将损一目），地是减少了，但子却增加了。结果是不增不损。

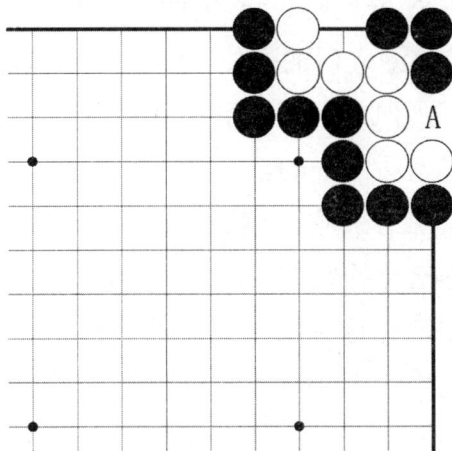

图十

比如图十，现实已经成这样的形，黑方是先将自己的劫材补尽，然后再在 A 位挤，杀白角，白角肯定被杀。总而言之，不存在日方的那种"盘角曲四"的特例。

像这样，自己先将劫材补尽，然后再去杀对方的做法，日本过去叫做"劫尽"，日本规则规定"盘角曲四"是死棋，正是以这种"劫尽棋亡"作为理论根据的。

但是，"劫尽"论作为理论而言却有很大弱点。也就是说，"终局后自己一方将劫材消尽"，而对这一点不加批判地予以肯定。就这一点我们有必要进一步深入探讨。结论是，终局后，留有诸多劫材须要消。所以将劫材需要消尽作为前提就崩溃了，显见"劫尽棋亡"作为理论不能存在。

"劫尽"论的破绽

图十一 甲和乙两形出现在同一局棋里。黑方将其他地方所有的劫材消尽，在 A 位挤吃。正如我们前面已经接触到的，以下将形成劫争。丙是甲图之后的变化，黑 1，白 2 成劫。白其他地方的劫材全都没有了，但却留有乙形白 4 打吃这枚劫材，而白 4 这枚劫材，是黑事先无法消去的。

实际上，如果黑方去吃白棋的话，那么就会出现或是白角活棋，或是白在 5 位吃黑的结果。

如是日方规则，在这种情况下，乙处仍旧是保持共活，甲处的"盘角曲四"是作为无条件死亡的特例个案而存在的。但反复思考，还是觉得不妥。在同样的一局棋里，将两处的棋形完全割裂，看做互不相干，硬性规定死活，就常识来说也是无法接受的。在这里，应该十分明确地说，日本规则中的非理性暴露无遗。

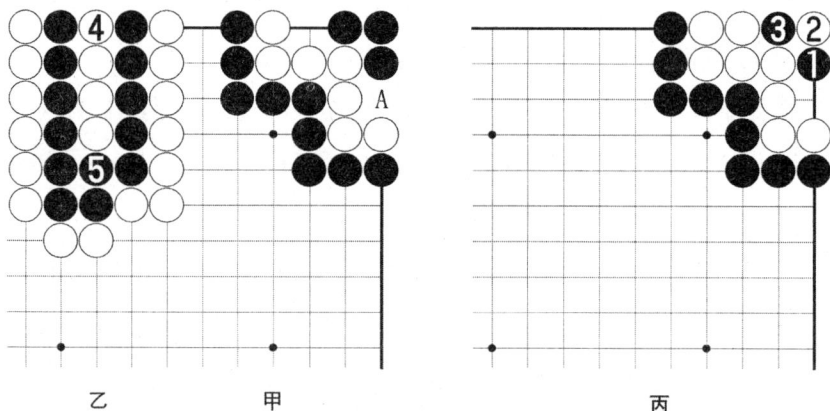

乙　　　　甲　　　　　　丙

图十一

那么，在这种情况下，中国规则又该怎么办呢？

　　原则上，黑方是否如甲图去吃白棋，黑方有自由选择的权利。如果想吃白角的话，那么，乙图共活的白4将反击，形成转换。

　　黑方如果认为这个转换对自己并不见得有利的话，黑方就不去吃白棋，这样一来，甲、乙两处都为双活。

　　这种思考方法，是否能得到所有围棋人共同的认可？对于"盘角曲四"这样徒有其名，没有必要的束缚人的规则来说，这是如此的实在和畅快。

　　本来，规则就应该以最完美的形式，简单而明了。中国规则就是如此，如汉高祖的"约法三章"一样简洁明快而合理。

　　以上是关于日中两规则的原则，另外还有一些竞技规则的不同。

　　其中之一就是"还棋头"，与双方在盘面上的棋块数量有关，现今的中国已经不实行了。为了避免过于烦琐，我们在此省略（后面再详尽说明）。还有，双活中的"单官"，也要记入胜负的总数。由于规定180.5作为归本数，中国规则的半数计算甚为便利。这里我们就不深谈了。

　　以上是关于中国规则与日本规则两种规则的基本不同，已经基本得到解明。

第二章
围棋的起源

尧舜创始说

围棋的起源非常久远。发源于中国基本上可以肯定。但"什么时候"、"谁"、"在什么地方",这些却全然无法确定。而现在想进一步探求线索亦是十分困难的。因此,我们认为,围棋并非哪一个确定的人物所发明,而是在广大的民众之间自然而然产生的吧。

即便如此,有关围棋的起源还有着古老的传说。有趣的是,这与中国古代创世纪神话紧密连接在一起。这在有关围棋起源匮乏的线索当中,显得尤为重要。

《博物志》,晋朝(265—420)张华所著。书中记载围棋是中华黄河文明圣天子——舜,为了教化儿子所创。《博物志》距今已有1500年,全书散佚,完整版现已不存。不过,根据记录中国古代历史传说的《世本》,舜创世神话确是中国古代历史传承的组成部分。就连前汉①(前206—公元25)司马迁所著、著名的

_____

①中日史学界对中国朝代的称谓不尽相同,本书提及的前汉即西汉(前206—公元25)。

中国古代史权威《史记》对《世本》也有引用。可见这一记载相当确切。

尧舜时代之后，经夏而殷①，殷是中国进入了真正的历史时代。殷的建国大约是公元前 1550 年，距今已有 3500 年之久远，而比这更早的尧舜时代，要想从文献中去查找记录当然是不可能的了。

另外还有夏最后一位帝王——桀，其朝臣乌曾所著之书也有记载。

中国历史有关殷的记载，也大致是建立在传说的基础上。清代末年的董作宾对甲骨文做了研究之后，殷才成为一个清晰的历史时代。

接下来，周（西周）亡殷，300 年之后，西周被北方番族犬戎所亡。都城由长安迁往了洛阳。此后就是东周，以孔子著书之名，称为春秋时代。紧接着是战国时代。

孔子、孟子是春秋时代末期的人。他们有关围棋的教化的语句在有名的《论语》、《孟子》中都可以找得到。孟子的"弈秋，通国之善弈者也"说明在孟子生活的鲁国，有弈秋这样一位举世闻名的围棋名人。

这里的"弈"就是后来的围棋。

春秋战国时代之后是秦、汉，再接下来是三国、东晋、六朝、唐，有关围棋的记载也逐渐增多。但是围棋发明以来已历经了两千年，云雾之中，她的身姿仍是如此的模糊，遗憾的是无论当时或现在，不能明解围棋的起源似无可改变。即便是中国，真正探求围棋起源的目标恐怕也只好搁置一边吧。

---

①本书所提及的殷是指商（前 1600—前 1046）。盘庚迁都于殷后，商也称殷。

日本对起源的研究

日本对围棋起源的关注，则是围棋发明和传入日本之后很久的德川时代（1603—1867）的事了。具体而言，正是八代将军吉宗的时代。

到了明治，首先要提到的是安藤如意，日本围棋史集大成者。涉猎日汉，著成《坐隐谈丛》。但是，有关围棋起源的研究，德川时代的家元却贡献有限。

围棋起源的近代研究者中，特别值得关注的是通晓中国古文的小川琢治博士。他有关围棋起源的一些看法在其《支那学》第6卷第3号及第7卷第1号中都有表述。

另外，还有东京的中国研究家小松田良平，经对中国古文献、中国古文化的研究，在《围棋俱乐部》上发表了他对围棋起源的想法："围棋并非起源于尧舜，游戏的原型应该是来自天子的殿堂。"

小松田这种看法的理由并不清楚，但无可否认，数千年间，研究者一直满足于尧舜创始说，始终未有进展，小松田针对这一现状进行了最初的否定。

中国古代的棋盘

在我们思考围棋起源的时候，首先想到的是古代是使用什么样的棋盘。这是探求围棋起源的一种迂回之途。我想，是否有可能从这里一页一页地揭开围棋起源这神秘的篇章。

棋盘，棋子从原始形态是怎样逐渐演化的呢？

据文献，中国的《五杂俎》（宋代）①记载："汉魏乃十七道。"《坐隐谈丛》认为："改为十九道，肯定与唐代历法的改定有关。"

后汉②，事实上由曹操建立的魏国，与南方的吴、西方的蜀并称"三国"。从吴国韦昭的《博弈论》，还有魏国邯郸淳的《艺经》看来，盘为十七道，是十分清楚的。

《艺经》中记载："棋局纵横十七道，合二百八十九道，白、黑棋子各一百五十枚。"十分确定。小川琢治认为邯郸淳是历史上有名的学者，《艺经》所记载的应该是正确的。汉魏是十七道，改为十九道应该是六朝时代（229—589）的南朝，围棋十分盛行的东晋（317—420）、梁（502—557），或是进入唐宋以后。

但是，即便有文献记载汉魏是十七道，但同时也有相反的记录，所以不可以简单定论。

中国最早的围棋书是宋徽宗时期编纂的《忘忧清乐集》。其中三国时期的孙策对吕范、庞统对徐庶，还有晋代的武帝对王武子、自古有名的"烂柯图"等棋谱，全都是用十九道，三百六十一路盘下的。

这里就出现了矛盾。如果汉魏是十七道，二百八十九路是正确的话，那么为什么基本上是同一个时代却有人使用十九道，三百六十一路现行的盘呢？

关于这一点，小川博士认为："《忘忧清乐集》成书的宋代至汉魏间近千年，残留的古谱存有疑问。是否为唐宋或六朝梁人的戏作？"

纸的发明者是后汉的宦官蔡伦。而实际上，木版印刷术是在唐末五代时期才真正完善起来的。

上溯汉魏，千年的古谱残留，有十分重大的疑点。

---

①原文如此，似应为明代。
②中日史学界对中国朝代的称谓不尽相同，本书提及的后汉即东汉（25—220）。

　　但是，《忘忧清乐集》一书是宋徽宗钦命编纂的。书的标题"忘忧清乐"，就出自该书序言的最后、宋徽宗诗的第一句。简单地归为"戏作"是不行的。暂且不论棋谱的真伪，该书至少将唐宋以前各朝的围棋风范展示于我们的面前。

　　我在这里，抱着一种积极的态度来看待这为数不多的有关围棋的古传承，而且认为就在这相互矛盾之中隐藏着围棋发生的秘密。不仅仅是围棋，写书的历史基本上都是社会上层建筑的历史。也就是这个阶层的人观察的历史，而不是大众的历史。就像戴着偏向的有色眼镜观察事物一样。然而事物本身的真实色调却看不见了。

"棋"与"弈"的差别

　　"棋"，中国的发音是"qí"，"弈"的发音是"yì"。从语源方面来考察，棋与弈是没有任何关系的。

　　无论在中国还是在日本，弈都是棋的别名，这种看法是不会有错的吧。就像"五子棋"与"连珠"是相互关联的一样。

　　棋是指棋子，问题在于弈。无论在中国还是在日本，我们看到"棋"这个字的时候，立刻反应的是"围棋"，而"弈"只是一个单字，没有"围弈"这样的词。但是"弈棋"这样的说法是有的。这是对棋与弈是同样一种东西的并称吧。

　　在日语中，这两个不同的称呼一方面缘于阶级因素，一方面也缘于地域因素，即方言。

　　关于这一点，渡边英夫在其《增补坐隐谈丛》中是这样说的："直江山城守（日本战国武将）所发行的五臣注文选中，韦昭的《博弈论》注文这样提到：'围棋谓之弈，自关而东，齐鲁之间皆谓之弈。'"

《渊鉴类函》三百二十九卷中也有记载。"《方言》曰：围棋谓之弈，自关而东，齐鲁之间皆谓之弈。"这里的《方言》是指所谓"扬子方言"，扬子就是前汉末期的扬雄。这个说法如果不错的话，齐鲁间（今日山东省的地域）称之为"弈"，而其他地方则称之为"棋"。

小川博士则指出："此外，记录春秋时代历史的《左传》中也有关于弈棋的记载。杜预（西晋人）对所谓弈棋的注释是：'弈，围棋也。'孔颖达（唐初之人）的解释也说：'故说文弈从廾，言竦两手而执之。孟子言弈秋善弈，秋自以善弈而著名也。棋者，所执之子，以子围而相杀，故谓之围棋。'沈子云：'围棋称弈者，取其落弈之义也。'总之，弈不是形容下棋的动作，弈这个字是确指围棋。"

所以，弈与棋为同一个意思是没有怀疑的余地了。

据小川博士考证：

1. 弈与棋是同指围棋。

2. 弈使用的范围较狭，仅仅是在齐鲁一带所使用的方言，而棋则被广泛使用，是对围棋的一般的称呼。

但是我认为不应局限于这两个字，而是要更深一步地究明其中的原因。

从这个角度，查阅相关的记录加以分析。首先，齐、鲁是两个国家，从前面提及的《史记》中我们知道，齐是周封给建国的功臣太公望的，鲁也在山东省，是周封给王室的同族周公旦之子伯禽的。据《史记》记载，像齐鲁这样的小国，周当时封了二十多个。而《史记》对吴、齐、鲁的记载最多最详，因为这些小国与周王室关系最近，又叫做"亲藩"。吴是周封给周文王（王室的创始人）的伯父——太伯的。

我对于"弈是在齐鲁一带所使用的方言"这一说法这样看：棋，是渐渐由西而东的周民族的围棋，而弈，则是被周所灭了的殷民族的围棋。殷周交汇于黄河中游。有关这一点我们以后还会提到。

"扬子方言"称："齐鲁之间皆谓之弈。"作为鲁国人的孔子、孟子都提到过弈，这是"扬子方言"真实性的又一旁证。

但"扬子方言"说，弈，不仅仅是在齐鲁，而且在"关之东"也用。关，是一般名词，中国边境的关为数众多。这里是指著名的函谷关。函谷关的位置在洛阳以西，长安以东，黄河的大拐弯点东南附近。

所以，"扬子方言"所说的是，自古都长安、洛阳起，沿黄河的大拐弯点一路东行，东端便是称围棋为弈的山东齐鲁地带。"扬子方言"就广泛地域而言，是受到一定的局限，但传承了更古老的龙山文明的殷周文化，在古代繁荣的黄河文明全域中，确是处于中心的位置。

而且更加引人注意的是，同样是繁荣的殷周文化地域，西限被函谷关所切断，西边的古都长安被隔在外面。

因此得出这样的推论，函谷关以东是殷文化发达的地域，西面长安一带的周文化色彩更浓。弈产生于殷的线索逐渐清晰起来。

周不入之地

即便如此，还是不能简单地断定弈是殷周时代所产生的。在一些不够连续的中国史书中，山东地方的住民被称之为"东夷"，与黄河中流地带的民族是完全不同的人种。证据之一就是古代的山东被称之为"周不入之地"。山东省内陆，以高耸入云的泰山为中心，西为"周不入之地"的界限（殷周时代南部的界限直到淮河流域）。因此，"周不入之地"当然是古代的齐鲁人的地域。所谓周人不入的地域，就是今天山东半岛的内陆及半岛全域。我在前面曾轻率地以为齐鲁是周的"亲藩"，看来那是大错特错了。正相反，周在灭亡了殷之后，企图统一中国全境。为了统治齐、鲁等地的异民族，必须将这些地方分封予周的宗室及功臣。到了周代，齐、鲁，还有南部的吴，已成为周政权生产与文化的重要地域。

本来，这些地方的住民在中国古代被称为"人方"、"东夷"，与黄河中游地域的殷、周，特别是周人，是完全不同的民族。当殷、周的势力强大之时，这些部落联盟就暂且雌伏，等待时机，一旦中央势力衰弱，便可能内讧及叛乱。

"人方"、"东夷"在中国历史上第一次大出风头，是发生在殷的最后的一个王——帝辛，也就是纣王时期。东方的"人方"兴起叛乱，为讨伐叛乱，纣王亲征。知道了这一消息后的周，乘虚攻陷殷的都城，一举灭亡了殷。

"人方"当初与殷是对立的，而这一民族对周人甚至表示出更加强烈的抵制态度，坚决拒绝周人的进入，而过去对殷倒未必如此。那是因为殷不是汉人（周人），而原本就是出身东方异民族。这要追溯到古代黄帝的神话传说。以后，依据山东鲁国孔子之后的中华思想，周四周的部落又被称为：东夷、南蕃、西戎、北狄，这是站在中华的立场来看待此事。从民族的迁徙来探求，结论是，殷是东方民族[①]。

如果推论是正确的话，那么山东这个地方仅仅成为周人的不入之地的理由也可以成立了。

所以可以理解为，殷纣时期"人方"的叛乱只是内部的叛乱，

_____

①有名的夷夏东西说。

而他们与西方汉人（周人）之间的矛盾，却是不相容的、民族间的。

"弈"是殷还是周

还是弈与棋的问题。山东地方称之为弈。是因为这是古代殷周时期周人的不入之地。在山东广泛流行的说法，弈是从殷代开始的要比周代①开始的可靠性大得多。

那么，在周人不入之地的齐鲁广泛使用的"弈"字，在孔子、孟子的春秋时代经常被拿来做教化的譬喻，因此可以做这样的推论：围棋已经在黄河中游古代文化中广泛流行。但是值得注意的是，教化的对象并非一般庶民，而是公卿士大夫官僚贵族集团，在这些人当中推广流行。而一般庶民则没有更多的余裕去亲近围棋。

就是这样的条件及根据，简单而不勉强地接受。所以，要说"弈"到底是发祥于殷还是周，我们只能认为"弈"是发祥于殷。到底是谁发明的暂且不论，在殷代已经在一定程度上推广流行，做出这样一些假定，我们已向前迈进了一步。

除了"扬子方言"之外，后汉有名的历史学家、《汉书》作者班固的"北方之人，谓棋为弈。局必方正……棋有白黑"也十分令人瞩目。

扬雄是前汉末人，班固是后汉初人，极其精确地划分年代是不可能的了，两者间也就是相隔五十年左右，基本上可以看做同时代的记录。扬雄的那个自函谷关至齐鲁之间是之前殷文化繁荣的地域，而班固所说的北方，应该是指汉代的都城，位于黄河中游的长安或洛阳以北的意思吧。

---

①西周（前1046—前771），东周（前770—前256）。

当我们看殷周文化地图的时候，长安、洛阳以及之间的黄河地带是殷周文化密集的重叠区域。但班固所说的北方，也就是黄河的拐弯点再向北，沿支流的汾水继续北上，这样的话，殷文化的遗迹较多，而周文化的遗迹却逐渐地隐藏起了她的踪迹。

所以，从看似平淡的一句"北方之人，谓棋为弈"中，我们体会到的是与殷文化更为紧密的连接。

还是与弈有关，长安以西，虽然什么都没有留存下来，而东面、南面却是围棋无尽的宝库，对于围棋来说，我们深感殷文化纽带的如此强劲。

因此，我前面已经性急地宣布的"弈的起源是殷"的假说，似乎也就找到了根据。

总而言之，如果我们仅仅考虑殷周，则有理由相信围棋的发祥至少是在较早的殷。

西藏的围棋

接下来，我们要试着探寻围棋棋盘的由来。首先，以为是什么人为了围棋而着想，这才必须要造出棋盘来，对于这一点我是不能同意的。如果说真是尧舜那样伟大的帝王创造了围棋，在古代什么都没有的情况之下，创案何出呢？

围棋产生最容易让人接受的假定是："棋盘和棋子事先就有了，原本是某种实用的道具，然后才产生了利用棋盘和棋子的游戏。"我站在这样的角度，先考察棋盘和棋子。

我们先来看看古代的十七路盘，很想知道古代围棋人是怎样在这十七路盘上下棋的。但是一局棋也没有留下，现在无从考察。仅有一个十分有趣的推理，与西藏围棋有关。

1950 年初，喜马拉雅南麓的一个小国——锡金（现在已并入印度）的皇太子，为着友好亲善的目的来日本东京访问。他所带来的是十七道二百八十九路的棋盘，令人十分惊讶。

皇太子还说："我的围棋是亲戚西藏达赖喇嘛所教的。"也就是说，锡金的王室，与喜马拉雅另一侧手握西藏政治、宗教大权，君临西藏全境的达赖喇嘛同族。西藏亦有围棋，而且不仅仅是棋盘形制为十七道二百八十九路，就连规则也与内地及日本有所不同，是一种独特的存在。这是有关围棋起源的重大发现。

当然，这是中国古代围棋从十七路盘开始这一历史事实的一个确认。

下面，我们来介绍西藏围棋的下法。

这里将西藏围棋的特征排列如下：

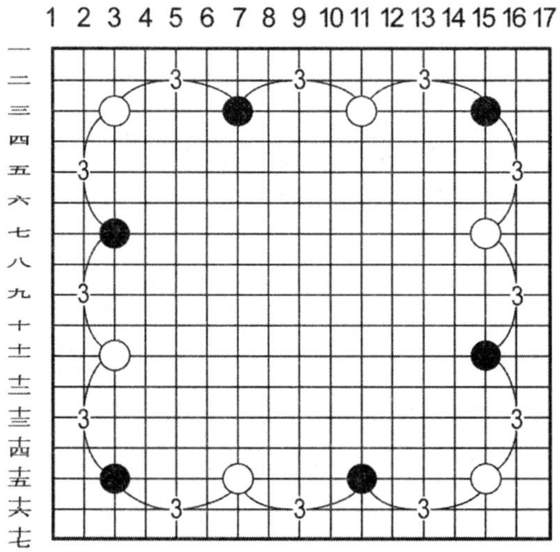

图一

1. 没有让子棋，技艺的差别全都由"贴目"来解决。

2. 正如**图一**，事先在盘上设置有黑白各六子，计十二个座子。

3. "气都填满了之后，方能将子清除。"这是基本规则。

4. 当对手提子之后，马上在提子空间中落子被视为禁手。

因第4项比较费解，请看**图二**：

黑1紧气叫吃，白2当然提黑三子。现行的日中两规则是，黑三子被提之后，黑即点杀白棋。而西藏围棋是禁止黑棋马上点入白空，黑棋必须要像日本规则中的"打劫"一样，在其他的地方下一手，对方应了，然后才可以点入，杀白棋。（如果有劫材的话）这个劫，应还是不应，由白棋选择。这一团白子并非完全是死子。

图三是"倒扑"，当黑1提白一子的时候，规则不准马上反吃白子，与图二一样，黑必须寻劫。

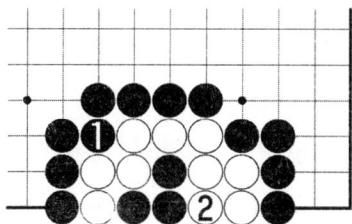

图二

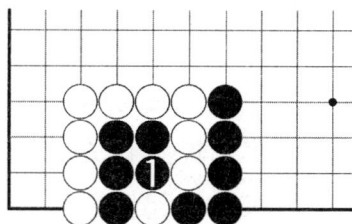

图三

从以上内容我们可以看到，西藏围棋从样式上来说确属围棋，但与日本及中国内地的围棋有着极大的差异。

居然在那西藏高原的深山秘境之中，人们仍然下着这样的围棋，真是令人遐想不已。

于是，在这里我产生了一个想法。

图一中，事先配置的黑白各六个座子，与"气都填满了之后，方能将子清除"这一基本规则没有关系。也就是说，这是围棋产生之前就有了的，肯定是在这当中，围棋才得以产生。这一想法十分重要。这就证明了，围棋并非像古老的传说那样，在遥远的古代由某一特定圣人在头脑之中想出了围棋，再造出了棋盘、棋子以教后人。

人们说："存在即合理。"这个在围棋游戏中毫无意义的"星座"存在于围棋盘上，也就是说这个事先配置的位置在经历了数千年后的今天，仍然是原样留在上面，只能找到一种理由，那就是宗教仪式的道具，在实际下棋的过程中并无明确意义。

如果西藏围棋事先配置的"座子"仅仅是为了一种宗教仪式的话，那么有关围棋产生源头的认识将会有所改变吧。

棋盘上的数是表示宗教的圣数，古代人在遇到重大转变时，在所进行的一种宗教仪式上使用。

古代殷王朝是完全的政教合一的国家，王本身即是部族联合的"祠"的祭祀首领。清代甲骨文的考证证明了这一点。

围棋的起源，从西藏围棋事先配置的十二个"座子"的缘由当中，已经十分清楚明白了。

前面我们提到有关棋盘的起源，东京的中国研究家小松田良平氏"围棋并非起源于尧舜，游戏的原型应该是来自天子与政治有关的殿堂"一说，现在看来有重大意义。为什么会这样说呢？因为古代王朝是政教合一的，所谓的政治其实就是祭祀。西藏直至近代，都一直延续着政教合一的体制。

总之，原始棋盘的原型还是相当的完整，原来的样子也没有改变，西藏又是达赖喇嘛及班禅喇嘛那样的宗教政治权威所统治的相对稳定的地方，这简直是将古代围棋原封不动地密封于恒温标本保存室中一样。

当我刚一看到西藏围棋的时候，就有"没错，这就是最初的围棋"的那种感觉。这种对于围棋起源的性急的想象似乎并不能成立。这在以后更进一步的详细的研究中会得到解明。

总之，西藏围棋作为围棋的基本原型是没有疑问的。但围棋又绝非产生于西藏，而是从北部的中原古代王朝传来西藏的，直到现在我仍坚持这种看法。

由古代中国传来西藏

在这里，我突然感到，不进一步研究中国古代民族史中殷、周、西藏各民族间的关系不行。

首先我们来看西藏民族。西藏民族就是在南北朝时期席卷北中国的"羌"（姜）。"羌"自神话的古代开始，已经在向中国的西部和北部推进。周的先祖后稷，其母亲是姜原。姜原是神话中的五帝中的一人帝喾的正后。后来，舜帝将邰封予后稷。以上当然只是神话时代的传说而已。周的历史，是从第十二代古公亶父时代开始，才越来越清晰的。古公亶父与当地土著农民女性结婚。还有一种说法，周民族（汉民族）根本就是出自羌民族。

正是这个与周民族关系很深的羌民族，与周的前代殷，却是一种尖锐的对立关系。

殷代为了祭祀，把人、马杀掉作为牺牲而供奉。这从殷代的墓葬发掘可知。其中，人的牺牲是羌人，可见当时殷与羌的对立是何等的尖锐。

传说中周武王灭掉了殷，正是由于武王得到了作为军师的太公望吕尚的帮助。而吕尚就出身于羌民族。在渭水垂钓的太公被文王发现，于是太公进入文王以及后来武王的帷幄，这个典故非常有名，即便在日本也是家喻户晓。周在羌人太公望的襄赞之下，灭了羌民族不共戴天的仇敌——殷。于是我们得知，周与姜的关系很深，周王朝的创始人武王，其妃子邑姜也是姜族人，生了后来的成王。

以上详述了关于西藏民族——羌民族——姜民族与殷、周的关系。

接下来我们看看殷、周时代的文化关系。从近来的考古发掘我们得知，古迹分布的全貌大致清楚，可是殷代后期的文化与周代文化无法明确地划分界线。周代文化是对殷代文化的继承。

从殷人与周人尽管是不同民族，但文化却是相同的这一点来看，周的政治从属于殷，文化也是在与先进的殷文化的交流中成长起来的。

有一本书这样说，在马家窑、朱家寨，与西藏地区非常接近的罗汉堂，发掘到了文化遗迹，是母系大家族长老政治、农耕汉民族的原型——羌族的第二原住地。而周以及后来的秦，是以陕西地区作为根据地的，最终，正是这个羌族促成了秦汉两大帝国的建成。

当然，这些问题已超出我所能判断的范围了。羌民族即是西藏民族，很早就进出中国西北部。这与围棋的起源，特别是与"西藏围棋"的关系重大。

围棋诞生的政治基础

围棋在后来，又被称为"橘中之仙"，并不是说仙人创造了围棋，而是围棋只能产生于适合它产生的那个社会基础。

从史书得知，殷周初期，部族联合体间的纽带并不是那么强固。维系部族联合体间的纽带，也就是靠宗教权威。换言之，与后来强大的中央集权秦汉两大帝国截然不同。有关这一点已为近来的遗迹发掘所证明。殷周初期，部族集团的模样，村落的规模已大致清楚。

如果认为在这样的时代，围棋已经产生并开始传播的话，那么对围棋创始者的解明将是十分困难的。现在，在农耕国家日本，围棋的传承可以追溯到古奈良之前，而一般民众的普及则是明治末期的事。百年前，日本农村还完全不知围棋为何物，仅有地主阶级多少知道一点。

下棋取乐的是那些僧侣、武士、豪商、地主等等，围棋并没有在普通农民间推广，而成为社会上层阶级的游戏。从社会史来看，应该是阶级分化之后，上层阶级以此为乐。

这就是围棋的基本个性，自古以来一直如此，那些在还是满天星光的清晨就要肩扛锄头去田里耕作的人们，怎么会有如此的闲暇来下棋呢？

因此，社会的分化造就体力劳动和脑力劳动的人群，围棋就在后者当中产生。虽然不知道围棋产生的具体时间地点，但正如中国古代尧舜神话所描述的那样，围棋产生于宫廷的味道更浓。

还有一个理由。我们一看见棋盘就知道，围棋是数字的游戏，而不可能是别的。而且还不是什么两个、三个这样的小数字，是数百的大数字。对于商业发达之前的古代农民，他们的日常生活与数百这样量级的大数字是没有关系的。即便是在古代也有需要这种大数字的阶层，就是贵族以及依附他们的官僚等。租税的征集，徭役的课派等都需要这样的大数字。还有，对于定居的农耕民族来说，一年四季变化的"历"自然不可缺少，对天体的观测中，这样的大数字就是必要的了。

于是，围棋就在需要大数字的贵族、官僚之间产生了吧。从近代考古发掘来看，殷周初期的政治形态大致清楚了，尽管仍然不明之处也还不少。围棋起源还是不能清楚地断定，但可以推定围棋诞生的历史社会年代的上限。

周的初期是传承了殷的文化，没有展开自己独自的新文化。周的初期，与周边诸多异民族的战争频繁，此时在宫廷内产生围棋的概率很小。我们宁可相信，在公元前 1300 年至公元前 1046 年之间，相对比较安定的王朝——殷，中期以后，围棋被创造出来的推想也许更为妥当。传说中，在东方崛起的殷之汤王，灭掉了夏的最后一位王——桀，一统天下。是否历史事实暂且不论，但是殷存续了长达五百年，在中国史上也属罕见，他们铸就了世界之最大的文化，作为围棋这种游戏产生的历史基盘来说，真是再合适不过的了。

但是，有殷之前的中国古代尧舜神话传说，以及夏桀的朝臣——乌曾的说法，在我看来，尧舜禹全是出身于汉民族，只有殷是如舜帝所言"殷乃商民"，是异民族。而对异民族的否定意识与围棋的起源不无关系。

通常历史是要受到政治意识改变的，例如中国的唐太宗，就以自己的笔，把历史改写得更适合自己的需要。日本也是如此，最古的《古事记》，还有《日本书纪》等等，都有更适合大和王朝意志的改写。这是众所周知的事。

"弈"与天文历数

围棋确实与数字有关，古代的数学与天文历数并称，尤其是在有官僚组织之后，作为专业学问的等级，数学与天文历数同席。

我们再回到西藏围棋的话题。殷文化在当时是冠绝世界的大文化圈。西藏民族，羌族的一部，在逐渐适应了农耕文明的情况之下，逐步向黄河下游一带缓缓作民族移动。这是否就是周民族的原型暂且不论，总之他们与居住于陕西西部的周民族融合，再渐渐自北向东移动，开始接触强大的殷文化。无论怎样，从哪个方面来看，周、羌都不具有能凌驾于殷的那种先进性。

文化如同水一样，从高向低流淌。所以，殷有了围棋，再在周、羌传播开来，是理所当然。以此推论，我们看到的西藏十七道二百八十九路棋盘上，黑白各六计十二个事先配置好的那些座子，是从殷代传下来的。像生产发展停滞的西藏高原那样的地理条件（冰河期后，中亚细亚沙漠化，地球变化的结果），达赖喇嘛不久前仍然是君临天下。西藏围棋仍有可能保持着原始时代的样子不变。

其实，围棋自殷周向西藏移行，不一定就是在殷周时代。像围棋这样游戏的传播，也可能是一两个西藏人在和中原文化的接触过程中学会的，所以并未流行开来。

G. E. 史密斯在谈及古代航海文化习俗时说："仅仅是贸易并不需要进行文化交流。但如果那个国家有殖民地，哪怕是很小的殖民地，其间有两个民族在一起共同生活接触，那便是需要文化交流的。"

这是地中海国家古代的航海法则。我们同样可以将这一法则运用于陆地之上多数民族间的接触，正如殷文化与程度低很多的周文化、羌文化等众文化间的交流。

总之，围棋在西藏的传播到底是殷周时代，还是春秋战国时代，甚至再往后的秦汉，还很难去做详细的考察。但有一点可以确信，那就是，西藏是把在古代黄河文明中兴起的围棋，原封不动地搬了过去，并且没有做任何改变地予以接受。

十分遗憾，我们现在想再重新回到古老的殷代是不可能的了。但是我们现在却能清楚地看到，在古代黄河文明中所产生的围棋的原始形态——今天的西藏围棋。

原始时代的围棋到底是什么样的呢？就是现在的西藏围棋，就是事先在十七道盘上配置好了黑白各六共十二个子的西藏围棋。其中所传达出来的意味我们已经理解明了。

这对探究围棋起源是非常重要的。

按照 G. E. 史密斯法则来推断，围棋作为文化的一种而传播，在羌民族和还处在把奴隶、猎物与马、羊一样作为祭祀牺牲的那个殷之间是不可能的。中原与西藏民族接触建立友好关系，应该是周以后的事了。

特别值得注意的是，中国关于围棋的传说，在秦、前汉基本没有，进入后汉突然开始活跃起来。

中国与西方交流的路线，前汉的武帝时代，为了对抗北方番族匈奴，张骞受武帝之命，出使西方的"大月氏"。那个时代，通往西方有名的"丝绸之路"已得到相当的开发，人们渐渐开始知道西方的情况。而在武帝之前，西域与中国的交流几乎没有。而在中国的南方，长江流域的文化仍处在未成熟状态，接受围棋也是处在不可能的状态。中国北方文化向南方传播应该是后汉以后的事了。

这里有一份十分有趣的统计资料：到前汉为止，人口大量集中于黄河流域，进入后汉，黄河流域的人口急速减少，同时，长江流域的人口密度却在增加。

"前汉时，全部人口的大部分集中于黄河的中下游，在全国八分之一的面积里，68%的人口密集于此。进入后汉，人口向长江流域移动。因此，黄河流域的人口密度锐减。长江流域的开发，与北方塞外民族不断地入侵及压迫不无关系。"以上是小川琢治氏的长男——贝塚茂树博士所著的《秦汉帝国》卷首中的统计说明。

除了外民族入侵这一原因之外，前汉向后汉的过渡中，在中国，铁器已开始普及，北方的农业生产发生了革命性变化，以个人为单位的农民的移动已成为可能。这一因素也不可忽视。

铁制农具使用之前的农业，正如殷周代的墓葬发掘所示，农民一家必须举家投入生产劳动，随着铁制农具的进步，以个人为单位的农民也可以对土地进行开拓，农业生产所必需的家族制度因农具的进化而崩溃了，进入一个新的以个人为单位的农业生产体制。

十七道何时变为十九道

在著名的秦始皇统一中国（公元前 221 年）的第二年，建筑了被称之为"极庙"的宫殿。这是以阿房宫为中心大规模的都城设计，模仿北极星座，将上帝——天神的位置放在星座的中心。

其规模之宏大已达到令人惊骇的地步。长廊从黄河支流渭水南岸起，向南延伸直至南山顶上，宫城的正门就在这里。向北的上下三层的长廊，渡渭水，将咸阳宫连接起来。

这阿房宫是仿北极星座，渭水被当做银河。咸阳宫又被称做"营室"（二十八星宿的名称），从极庙的长廊一直到营室，都是在模仿天体的构造，皇帝的宫殿应和天上上帝的宫殿一样。

我在这里是为了提请读者注意，前面我们已经提到，棋盘是用于天文历数的，棋盘本身就是祭坛，天体投影于上。

我们来看西藏围棋的棋盘，十七道二百八十九路的盘上，事先配置好了黑白各六共十二个子，这就是在西藏没有变化的原始围棋。下面是把这个西藏棋盘作为原始棋盘所做的进一步推想。

阴阳学说认为 3 是奇数，也就是阳数（偶数为阴）。在这个西藏棋盘上，所有黑白置子之间的间隔都是 3，天数。置子与外廓盘端间是 2，地数。

同为农耕民族的古代以色列、巴比伦等也都把 3 作为天数。现在看来，这西藏棋盘上，事先配置好了的黑白十二个子，是以古代的天之黄道间隔分开的，表示天上十二宫。这种看法没有矛盾也容易接受。有关这一点我们以后还要论及。中国的古棋书《玄玄棋经》（元代）序言，还有其他的书也说，棋盘是模仿以北极星座为中心不断运转的天体。现在棋盘边上的点称之为"星"，中央一点称之为"天元"，都是来自原始棋盘。

以上是我以文献资料来推想原始棋盘。现行的十九道盘中央的天元到四角的星之间都是 5，同样为奇数，而这个 5 是汉族的圣数。自古以来就有三皇五帝、五行说等等，是象征宗教的数。

虽然没有确切的考证，但是，十七道原始棋盘上的座子间，正好是象征西亚农耕民族圣数的 3，而十九道盘上则是象征汉民族圣数的 5。这一点不能不引起我们的关注。

围棋在原始时代，棋盘作为天文历数的计算工具，3、12 等12 进制味道很浓。而十九道盘则是 10 进制（1、2、5）所构成。看起来似乎是，十九道盘深受中国古代思想的基础——"阴阳五行说"的影响。这"五行说"的源头似非常久远，风靡于思想界则是在战国（公元前 403—公元前 221）以后。此外，"五行说"又是一部自然哲学，大千万物都是由"金木水火土"这五要素构成，也可以称做物质宇宙观。

战国时代末期，陕西西部兴起的秦，平定中国全境，建立了中国最初的秦帝国。帝国建立了仅仅十几年左右，始皇帝崩，由于宦官赵高等作乱，王朝内部崩坏。接下来便是汉高祖刘邦兴起。

正如殷与周的关系一样，汉无论是制度还是文化，都全面继承了秦。旧的封建制变成新的郡县制，汉是与秦一样的中央集权国家。

清代盛行的"考证学"派中，有一位有名的阮元，所著《畴人传》中就《孙子算经》成书时间进行了考据，有"而孙子乃云棋局十九道，则其人更当在汉以后矣"之说。换言之，算经的真正作者其实并非春秋时代的军事家孙武，同是清代的数学史家钱宝琮也考证，此书当是成于公元 400 年前后。将阮元之说与三国时代魏国学者邯郸淳的汉魏十七道之说相印证，可以知道，棋盘从十七道到十九道的变化，乃是秦汉以降，国家由之前的封建制向后来的郡县制变化时的产物。

孙策、吕范是南方吴国人。进入后汉，生产圈急速向南扩张，同时，不断高涨的南方文化圈也已形成一片新的天地。

我们现在这样说，是因为围棋不过是一种游戏而已，应该不会在秦汉时代某一特定的时间点，发生交通规则从左侧通行变成右侧通行那样的突变。更合理的推测是，在十九道盘已经出现的时候，仍旧有人在用十七道盘下棋吧。十七道盘与十九道盘的并存应该是持续了相当长的一段时间。如果能够接受这样的前提，则邯郸淳的汉魏十七道与孙策·吕范的十九道盘对局就没有直接矛盾了。

这种变化其实是基于秦汉两代天文历法的改定。自古老的殷代以来，一直延续的，是 12 进制对天体的解释。进入秦汉，以"五行说"作为轴心的 10 进制兴起，成为改革的动力。

况且，殷周以及后来的春秋战国时期君主分立的分封状态，已为秦的统一所结束，秦始皇建立起强大的中央集权帝国。在国家权力的背景之下，政令由中央一元发出，以此来度量当时通行的十七道盘，天元的位置还是不够完美，因此也就产生了对中央太极（明德）的天元不可侵犯的唯一着点的身份的要求，这在思想统治的层面上是必要的。当然，思想面的另外一个根基，则在于周、秦、汉历代都在强力推行其实是来自西方传统的 10、5 进制为基础的数学体系。

应该注意的是，12 进制的数学体系，是以冥想天文作为基础的，这与更注重实证、实用的汉民族后来采用的 10 进制有本质的区别。这一点从现在中国围棋的棋风中亦可见一斑。中国的围棋，一般来说注重实际。尽管局部计算还算正确，但缺乏可能的、想象的布局感觉。正所谓，有长处亦有短处。这就是出自民族的基本性格也未可知。

尽管围棋已经存在很久了，但是仅仅凭传说来推断是不够的。必须指出的是，秦、前汉所持续的两百年中央集权时代，郡县制仍处于草创时期，作为郡县制基础的官僚阶层还没有发育到足够成熟，支撑传统围棋发展的社会基础还不具备。

在屈指可数的这些传说之中，前汉草创时期所发生的吴楚七国之乱期间，也有一个相关的小故事流传下来。这场变故是汉室宗族诸王的叛乱，其首领是吴王濞。濞是高祖刘邦的侄子，汉室诸王之中的长老级人物，所领吴国又是最大、最富强的诸侯国。

此乱的直接原因是，汉文帝（高祖之子）时，濞之子入长安朝拜天子，与文帝的皇太子（后来的景帝）博弈时发生争执，皇太子大怒之下投掷棋盘，将对方打死，酿成大变。

此时的所谓博弈，博是指"双陆"，弈是指"围棋"。尽管此事的真伪还不能完全明确，但可以从侧面帮助我们了解到，博弈已成为汉代宫廷的游戏了。春秋战国已降，弈的传统命脉遂得以保存延续。

汉代棋盘的出土

《围棋俱乐部》1960 年 7 月号中登载了小松田良平氏的一篇文章，介绍了中国河北省保定附近一个叫"望都"的古老小镇。望都一名"庆都"，据《博物志》记载为尧之子丹朱的墓城，是自中国古代神话时代便有其源流的地方。1953 年，在某工程的挖掘之时，偶然发现了两座古墓。

两座古墓的主人都是达官显贵，有趣的是，在其中一个墓穴里发现了一块石制的棋盘。棋盘的线数并非十九道，而是十七道。太令人惊讶了。

从其他随葬品得知，这座墓的年代是后汉末期（大约公元200年）。在至关重要的记录年号的部分，有一字缺漏。不过，从中已经可以大致推断出墓的年代，因为可以看到的是"□和五年"的字样，而后汉末年有"和"字且使用五年以上的年号，只有灵帝的"光和"是符合条件的。

作为题外话，望都古墓里的壁画，由于中国北方干燥的气候，保存得十分完好，颜色也没有变，可以让今人清楚地看到汉代官员的生活习惯。中国将壁画制成了画册，郭沫若专门为画册题写书名——"望都汉墓壁画"。画册中有出土棋盘的照片，后面还有"证实了邯郸淳的说法"的注释。自十七道盘的记载出现以来，直到现在绵绵两千年，这么长的一段时间里，相应的棋谱和棋盘一直杳无踪影，这次却实实在在地呈现在我们的面前。

这一汉墓的主人姓刘，这一汉代宗室的姓氏引起了我们的注意。前汉时除了吴楚之乱祸首吴王濞的相关记载中有围棋的内容之外，再没有其他关于围棋的记载了。而进入后汉，围棋展现在人们面前的是"百花齐放"的局面，发现了实物。

原始棋盘与古代圣数

棋盘与棋子，很可能与中国古数学所使用的算盘和算筹同源，从下面的记述中我们会得知，这是确实的。

在算盘上，用算筹来进行各种排列计算。最初的计算被称为"布算"。现在下棋时，把最先往棋盘下的子就叫做"布石"，就是来源于"布算"。棋子之所以叫"棋"，就是因为来自数学的"算木"①。总之，中国数学与围棋之间，从一开始就有着密切的联系。在中国，数学又与天文历学关系很深。特别是天文历在古代，即政教合一的那个时代，与政治及祭祀有着更为紧密的联系。

就这样，围棋就成了中国古代祭祀的主体——王手中特别持有的工具了。《博物志》中有尧舜造围棋之说，是否确是尧舜本人暂且不论，围棋诞生于古代的宫廷基本上可以推定。

下面要研究围棋与中国古代祭祀的关系。

在这里我要先研究一下棋盘，当我面对着这棋盘时百思不得其解的，首先就是棋盘上印刻着的这9个星。这真是不可思议，没有这9个星棋不是照样可以下吗？自古以来，上自名人上手，下至被人让九子的初学者，所有的围棋人都在这印刻着9个星的盘上下棋。今天这些"星座"确实已毫无意义。那么在过去，它们有着什么样的意义呢？我们来探讨一下。

盘上印刻着的星，日本现在通用的棋盘是9个，中国是4个角及中间的5个，我们前面提及的西藏围棋盘上是12个。从中国古代一直到近代，下棋时都是事先在对角线的角上各放置黑白两子，再开始下棋（关于这一点在以后的章节里还要详谈）。还有一种朝鲜古形式叫做"花点棋"，盘上8星之间，一个一个黑白交错放置，共24子，第一着要下在天元，这样的棋日本今天也有。关于这方面的情况，我是通过与韩国国手赵南哲的通信了解到的。

前面我们曾探讨了棋盘的线数所表示的意义，而被人为规定的星座的位置，肯定也同样要表示一定的意义。

正如我前面所论，西藏围棋是从古代中原传过去的。正是由于西藏文化的相对停滞，才使得围棋从古代中原传过去之后不变样地留到今天。我要谈的是原始棋盘，现在除了这西藏棋盘之外，

---

①古日本用于计算的一种工具，类似于中国的算盘。

也没有更好的研究对象。

西藏棋盘的第一特征，是在盘上事先配置好了的黑白各 6 共 12 个子的放子的位置。如本书 24 页**图一**所示，在一条直线上，黑白的间隔都是 3，各边的间隔也是 3。

如果要说明这盘上的数字在古代所表示的意义，我认为这是把 3 作为一个基准的数系列，而且星的数刚好是 12。

我有机会得知有关古代文明发源地以色列、巴比伦的圣数。古代以色列人认为 3 是天的数，4 是地的数。7（3+4）、12（3×4）均被视为圣数。7，1 周 7 天，现在还留有英尺（1 英尺=30 厘米）12 进制。

巴比伦的圣数又有一些不同。天、地、水是 3，日、月是 2，风、雨也是 2，此三种加在一起是 7，相乘是 12，都是作为圣数而存在。

此外，中国的殷，10 是圣数，10 日为一旬是生活基准。因为殷是祭祀国家，在一旬的最后一日——癸日，要占卜下一旬的凶吉。而且，殷的王，全是以"甲乙丙丁戊己庚辛壬癸"等字来命名的，如大乙、帝辛等等，统称为"十干"（中国称为天干）。这是从近代董作宾解读了甲骨文之后才得知。

在殷代，"十干"作为基础数，十二支也同时作为基数使用。干、支合在一起，60 为一巡。在日本，十干、十二支，还有"还历"，三千年前，从"殷"那里一直原封不动地传承到了今天。

汉民族的圣数有 5，天地人的 3，阴阳的 2。9 不是圣数，对于天子来说，天帝是 10，从 10 减掉 1 是 9，是谦逊的数字，所以 9 是天子的专用数。

这些作为基盘的数，与古代帝王的祭祀有着很深的渊源。

以上我们谈及的圣数与棋盘的产生有很深的关系，所以要稍加详细说明。

　　既然殷的圣数是 10，那为什么要用巴比伦的圣数 12，作为组合十干、十二支的"还历"，60 年为一巡的基数呢？到底这十二支是殷人脱离巴比伦独自的发想呢，还是借助于古代伊朗人的媒介而产生的构想呢？关系重大，现在无法给出清楚的回答。

　　前面说过汉民族的圣数是 5，在汉民族思想界风靡的五行说，其发生于中国公元前 1000 年以后，五行说在春秋战国时代成为定说，完成于汉代，也就是公元前 1 世纪。

　　中亚古代伊朗族创始的拜火教①的宇宙观与汉民族的五行说极为相似，认为在上天的旨意之下，万物均生成于"木火土金水"五行原理。但无论怎么说，五行说是汉民族所独创的。

　　以上面谈及的圣数作为基础，下面我们要探讨棋盘的线数与星座之间的关系。

　　我们来看西藏棋盘，各置子之间隔均为 3，而且是在一条直线的 3。正在将这里的 3 与巴比伦圣数一并思考的时候，忽然想起，古代天空的星座当中最古老的当属十二宫了，就是太阳在一年里通过天空的位置。也就是将黄道分成十二份，作为星的基准，来确定太阳的位置。巴比伦给每个星座都起了动物的名字。

　　天空看上去当然是球状的了，在地上的投影如用图来表示的话，就是圣数天十二宫，如果还要同时表示天数 3 的话，我认为西藏棋盘事先所配置的形状就产生了。

　　当我第一次看到西藏棋盘的时候，第一感觉便是，这就是原始棋盘。盘上对着手限定的这些事先配置，对围棋的进步必然是妨碍的，所以，如果能弄清楚西藏棋盘上这些事先配置存在的必然性，那么围棋的原始形态，以及历史上的时间、地点等诸多疑点便迎刃而解。虽然这样去思考是不错的，但是要想达到这一点

---

①琐罗亚斯德教，中国称之为"祆教"。

谈何容易。现在回顾探索所经历的坎坷，不容我沉浸于这感慨之中，因为目的地还在遥远的前方。

为了探索围棋产生的时间地点，必须搞清楚巴比伦天十二宫的 12，与殷的次圣数 12 之间是如何传播的。我想起在前面小松田良平氏曾说过这样的话："围棋并非起源于尧舜，游戏的原型应该是来自与政治有关的古代天子的殿堂。"似乎在渐渐接近答案，古代的王，殷也不例外，都是祭天时祭祀的长老。殿堂则是模仿上天建造的。那么，小松田良平氏所说的，棋盘是王在殿堂之上，处理与政治有关事务的道具，正是王祭天时的祭坛。这样一来，就是以太阳运行的轨道——黄道来模拟上天。

假设西藏棋盘上的星座的数，与棋盘外侧"地"（2 是偶数、地的数，也是作为盘上的天数 3，减去 1 得 2，阴数）合为一体，这只能是作为古代祭祀国家的祭坛。

如果这个推断是正确的话，那么我就要开始对古代十七道盘的十七这个数字的必然性，做进一步的探索。

在我为这个发现欣喜之余，也不能不感觉到下结论也许过早。棋盘是古代政教合一的国家的祭坛，而且是与政治有关的，这是不会有错的。

10 进制与 12 进制

在对原始棋盘做进一步深入研究的时候，必然要涉及殷周秦汉以来，汉民族的思想中心——五行世界观。在这里有必要谈及与 10 进制的世界、巴比伦文化的不同之处。也就是 10 进制和 12 进制是怎样产生的。

关于这一点，数学史书认为，10 进制产生于人类两手的 10 根手指，这恐怕是正确的。但对 12 进制的说明却略欠明确，似乎不能简单地下定论。就 12 进制的数学起源来看，不像 10 的约数只有 5 和 2，12 则有 2、3、4、6 共四个约数，所以分解事物有利。我认为，10 进制和 12 进制的出发基点不同。10 进制原来是"曲指数"，起因于在数自然数时使用手指。而 12 进制，无论在美索不达米亚还是在中国黄河流域，都是古代定居农耕制度确立的产物，对于农业所不可缺少的季节的确定，显得如此的必要。

那个时候，观察天体（主要是太阳）运行的天文学还不够发达。天体是圆的，必须将这个圆分割成各个月。

那么怎样分割圆才更方便呢？把圆分成 10 等份是困难的。我上中学时就知道，依靠黄金分割法（golden section）来求正五边形的边是不行的，但求圆的内接六边形却简单得多。

如果边长等于圆的半径，马上就可以画出正六边形来。这些，中国人在殷代就知道了。这种 12 进制的适用，极大地推进了天文学的发展。

12 进制至今仍留有很多的证据，比如在时间、角度等等领域，都是众所周知的。圆周的角度是 360°，1 小时 60 分钟，1 分钟 60 秒，1 日 24 小时，1 年 12 个月，不胜枚举。但如果以 10 进制来进行计算的话，天文计算一定会遇到极大的困难。春秋战国后，对圆的分割由圆周率 π 来计算。毫不夸张地说，那个时候中国的数学计算完全凌驾于希腊数学之上。对天体观测也采用 12 进制。

这样看来，同样是作为计算基础的 10 进制和 12 进制，其起因并不相同，10 进制是计算基础，而 12 进制则是美索不达米亚与中国黄河流域农耕文化民族对于天体观测所做的必要选择。

总之，12 进制，此后便被政教合一的国家作为宗教的数——圣数使用。

第三章
棋风的变迁・六朝

三三打入与现代相同——孙策・吕范

　　日本现在存留的最早的对局谱，是镰仓时代（1185—1333）的僧人日莲及其弟子日朗的对局。中国真不愧是文字的国度，所存留的棋谱也是不可比拟的久远。三国时代（220—280），江南吴国之雄、孙权之兄——孙策与功臣吕范的对局谱居然留存了下来。

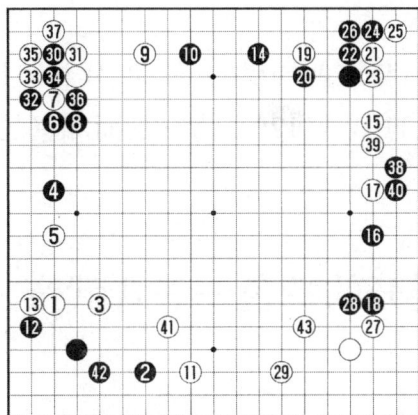

孙策 吕范 共43手

以下，就让我们从中国围棋最初的布局，以及"中国流"的变迁着眼，去探讨围棋最早的下法。

在黑白各两枚对角的座子放置完毕之后，对局开始。

从这一棋谱中可以看到，当时棋的特征除了事先在对角星位放置座子以外，还有：

1. 黑白双方在边上的着手都是以三线为中心。

2. 边上的开拆以二间为基调。

3. 角上从星开始的发展，都是大飞缔角。

4. 左上角，针对白的大飞，黑 30 三三打入，到 37 为止的形，现在也经常使用。

可惜的是这一棋谱到 43 为止，只能看到当初布局的骨骼。"中国流"到底是什么样的一种下法，还无法确实地了解。

这孙策与吕范的对局，记载于中国最古的棋书《忘忧清乐集》的卷首。后面还登载了晋武帝与王武子的对局。晋武帝是司马氏统一了三国的第一代君王。王武子则是当时的名士，也是被记入史册的人物。

这盘棋到 83 手为止，作为深入研究一局棋的素材还是不够充分。但在一千七百年前就能下出这样的两局棋来，实在是太令人惊讶了。

《忘忧清乐集》与这两局棋的三国时代相隔近乎千年，是北宋末年宋徽宗时代（1101—1126）为宫廷而编纂的。

角与边展开的特色——晋武帝·王武子

晋因受到匈奴等北方民族的威胁而南下，移都于长江流域的建康①，那是元帝之后的事。武帝与王武子的这局棋，肯定是在北方的洛阳下的。

　　前面提到的孙策、吕范的对局与本局相隔的时间并不遥远，前局是在南方的长江流域，本局是在北方的黄河流域，这地域的万里之遥。却没有造成两局棋的巨大差别。而这没有造成两局棋的巨大差别的原因，我在前面已经提及，南方晋文化可以追溯到两百年前的后汉时代，中国内部的民族大迁徙，也就是北方黄河地带人口向南移动的那个时代，围棋的发生地也由北向南移动。

第一谱

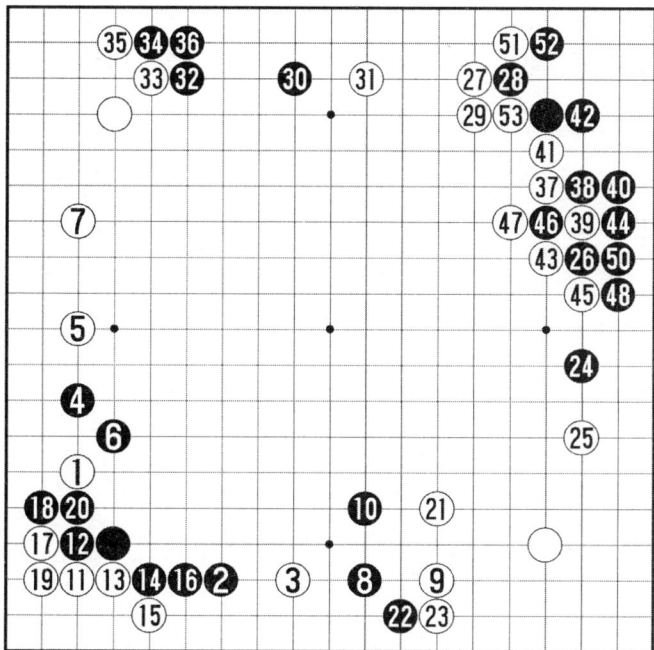

晋武帝　王武子　第一谱　1—53

---

①今南京。

本局正如我们所看到的，角上的星是以大飞展开，然后，边上的展开可以说全部是以三线的二间拆为骨干的组合。

在这里我萌发了一种奇想，如果把棋盘看做天地的组合，这第三线便是天地的分界线。正如前面曾提及的，中国古代原始围棋——西藏围棋，古代的习惯在后汉、三国魏的时代仍留有足迹。感觉其间的手法之中，似乎隐藏着打开原始围棋奥秘的钥匙。关于这个话题暂先放在一边，继续向下进行。

这里对于棋谱的解说，是以中国古代围棋的下法以及围棋思想的变迁为主题的，而对于具体手段的拙巧并不做细致探究。

令我吃惊的是，不仅左下角三三打入的定型现在仍在使用，而且白竟然有37、39挖的手段啊！为此，黑为了上下的联络，不得不屈服地下40、42。

对于黑44的渡，白弃一子，下了45、47，这样的手法，我认为已达到了相当高的水准。

换言之，一旦使黑屈服地下了40，那么刚刚下的39一子便可轻轻地舍去，这一想法绝非出自初学者，看问题的着眼点完全不同。约两千年前的王武子就能下出这样的棋，令人惊喜交加。接下来的白51、53更是难以用言语描述的漂亮手顺，这就是白41迫使黑42屈服的结果，因而越发显得光芒四射。

第二谱

黑不在55位觑，而是要充分保留味道，下54位的夹，其着想相当的深邃。

黑60瞄着大飞守角的弱点，即便是现在，这也是常用打入角部的轻妙手筋。

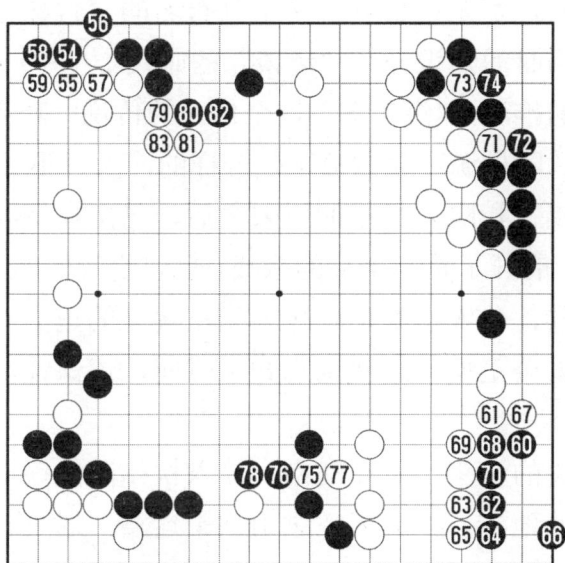

第二谱　54—83

仙人下的棋——烂柯图

这棋谱来自六朝的"晋",即所谓的"东晋",地方大致是长江以南,钱塘江上游,而时间也就是4世纪末期5世纪初期的样子。

有关"烂柯图"的考证,小川琢治博士是这样认为的:

在当地衢州①,仙人的传说很多,有赤松子、黄初平等"斥羊为石"的故事。据记载,晋代围棋第一人范汪,就是这里(东阳县)的太守。

这个仙人的传说,是在晋以后的梁朝,围棋特别盛行的江南,东阳县的邻县新安县,县太守任昉所著的《述异记》中记载的。见识了晋代的名人范汪的棋,于是就把这些有名的东晋时代的棋附会成仙人的传说了吧。

_____

①今衢县。

　　说起晋代，那是在日本也是十分有名的"竹林七贤"所在的时代，也是当时的知识分子"清谈"的时代。

　　小川氏的推测，"烂柯图"这个仙人的传说，其实就和东晋陶渊明所做"武陵桃源"赋的故事是一样的，大可不必深究详论。

　　这样的棋在相隔几百年的唐宋之后，仍然在持续着。中国一流的力斗型，展开了贯穿全局的激战，呈现给我们的是壮美的、波澜万丈的画卷，让人感到那种令人无法喘息的迫力。不仅是仙人传说中的主人公王质，连我也忘却了时间，深深地沉浸在这"三昧境"之中。

　　这个传说的源头，是在江南，注入杭州湾的钱塘江上游，现在也叫衢州的地方。樵夫王质进山砍柴迷路，遇见二仙童以树墩为座而对弈。这棋又叫做"遇仙之势"。王质为棋所吸引，完全忘却了时间。终于棋下完了，眼前山谷里的雾霭散去，二仙童也不见了踪影，只有王质自己呆立于此，弯腰去拿斧头时，斧柄已朽。

第一谱

　　本局的对局者并非凡人，但是，并没有让我们感受到晋武帝、王武子的那种卓拔之棋所予人的震撼。真正让我吃惊的不仅仅是这两局棋对局者高超的技巧，更惊叹的是一千五百年前中国围棋所达到的如此高的水准。

　　但黑一团子为了向中央出头的82尖的手法，比照现在日本手法来看，基本等于是废棋。接下来，本应无论如何都要突破包围网，但84、86却意味不明。黑被包围，断吃一子是否是先手，其实并不重要。

　　不管棋子是否被分割，按照中国式规则的计算方法，要相差2目甚至4目（以后还要详细说明），但对于已经习惯了日本式规则计算方法的我们来说，要理解在这种"无用、没目"的地方的争夺不休，实在是很痛苦的事情。

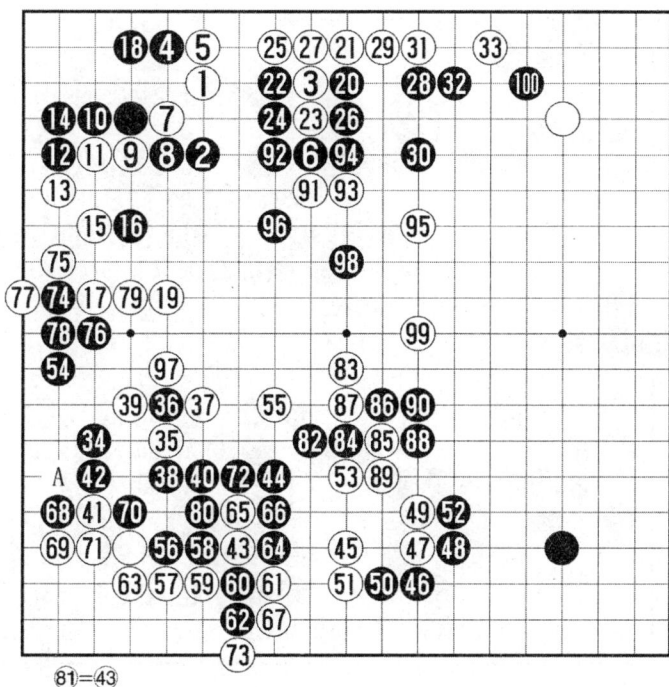

烂柯图

昔王质入衢州烂柯山采樵，遇神仙弈棋，乃记而传于世。白先，黑胜一路。

第一谱 1—100

黑82、84，接下来白83、85，以至87，强行切断，怎么看都不对。这些要切断，要联络的各方，棋子完全都是活的。

白91、93，以及黑92、94，按照日本式规则计算方法来看，完全是些"没用的，无目的废棋"。黑96，以及接下来的黑98、白99完全向着错误的方向。

第二谱

在本局可以清楚地看到，局部手段的正确与否靠的是认真地计算。在这一点上，现在的中国棋也是这样，仔细认真地计算，一子不苟，这种形容对中国棋甚为恰当。

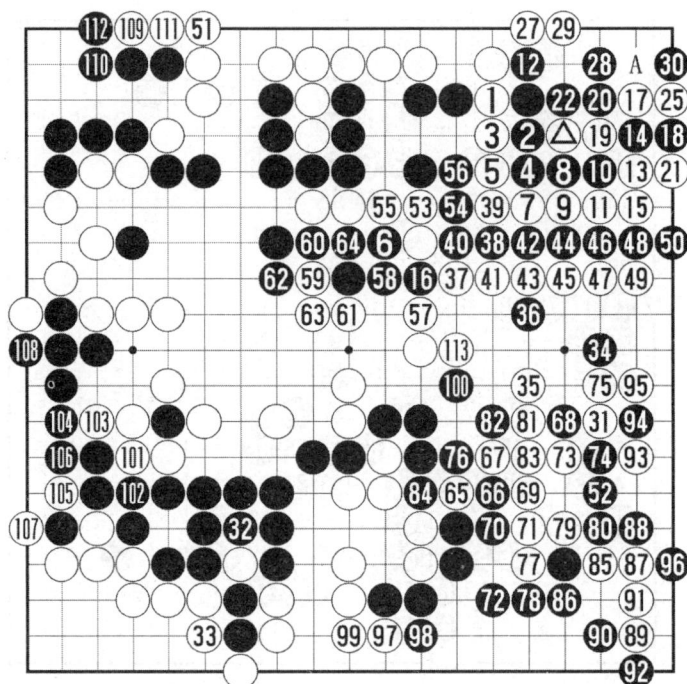

㉓㉖=⑲　㉔=△　　第二谱　1—113（101—213）

右上角，对于白 27 的扳，黑如谱 28、30，除此以外没有活角的手段。另，黑 28 如在 A 位好像可以活，但白 29 长出黑顿死。右下角，94 断不好。

还有左上角 109 托，黑如在 111 位断的话，白 110 扳，角部成双活形。

以上对六朝时代棋的解说终了。虽然局部计算还准确，但缺乏对布局可能性的判断，这是大大的缺陷。

我认为，这一点对于现在的中国围棋也同样存在。后面我们还要谈到，中国新星聂卫平，他在布局可能性的判断这一领域里独领风骚，而其他人与聂相比多少都有几分逊色。这正是聂卫平在去年（1975 年）中国国内锦标赛中夺冠的重要原因。

第四章
棋风的变迁·唐

镇神头与日本皇子

进入唐代。先来看看最早的唐待诏①，人称唐代第一名手顾师言的对局。

在此之前，先来了解一下顾师言。有关顾师言，广月绝轩补订的《坐隐谈丛》中有这样一段文字：

镇神头之事

据《玉海》记载，唐宣宗大中七年（853 年）四月，日本皇子来朝。帝命顾师言与日本皇子弈（即围棋）。

师言至三十二手，乃使出镇神头之手段，日本皇子无以对应，遂伏。皇子归于旅馆，召接伴鸿胪（唐朝官名）询问："师言之技国中第几？"鸿胪隐顾师言国中第一名手之真，伪言对曰："第三位也。"皇子曰："愿与国中第一者对弈。"

鸿胪曰："皇子必先胜第三，次胜第二位者，乃得以与第一者

①直属皇帝，供奉内廷的人。

对弈。"

　　皇子叹曰："小国一位尚不敌大国之三位也。"……

　　以上并非确凿之史实，真伪暂且勿论。彼时公元853年，日本正处在平安时代初期，日本宫廷中的人们对围棋已经相当的了解。遣唐使中有棋师随行，这在《坐隐谈丛》中已有记载，也是日本围棋起源的一条线索。

　　这个小故事传达给我们的是唐待诏顾师言的棋技，还有"镇神头"所包含的中国唐代围棋的艺风和技术水准。

　　下面就是以广月绝轩的意见为中心，对"镇神头"的评述。

第一图　第二图

　　以下为广月绝轩的研究。

　　第一、二图转载自《玄玄棋经》。

　　《玄玄棋经》是元顺帝至正七年（1347年）刊行的。今天在日本流传的是由伊势的川北鸣平翻译并略作解释的版本。更题为《玄玄棋经俚谚钞》，这本书自宝历三年开始计算，大约是两百年前所发行的。

　　同书中曰："镇，压也；神，人力所不及谓之神也；头，首也。白2、6之于黑1、3，即是此谓。鬼神亦敬而远避之。"这种不彻底的解说实在是无法让人明白。

　　绝轩解曰：

　　镇神头实乃壮其威压之势，系以飞罩抑制对方出头的手法。而《玉海》上说日本皇子与顾师言战至白32手时，无解而败。其实这里还有的是手段，白32杀不掉中央的黑。

　　以上的各种解释中，广月绝轩所认为的白2、6被称为"镇神头"，我亦颇有同感。

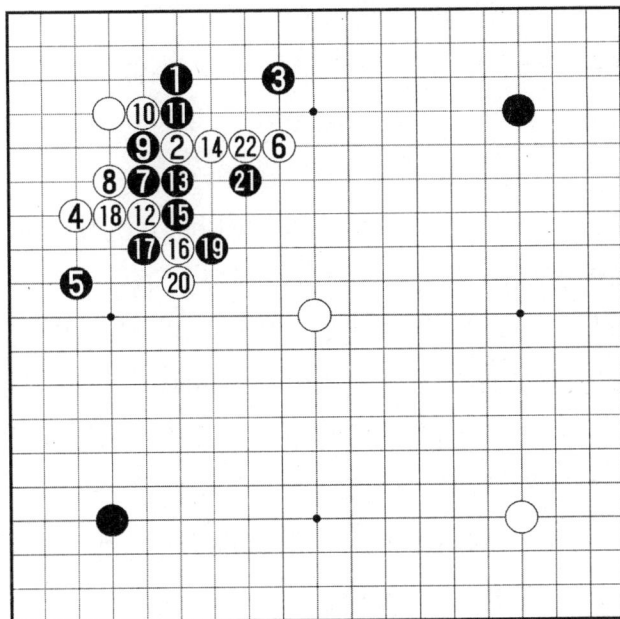

镇神头　第一图　1—22

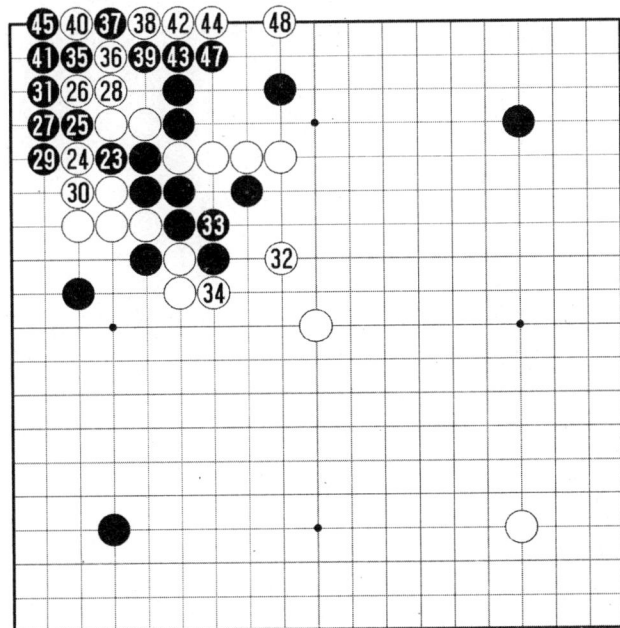

㊻=㊲　　　第二图　23—48

另外，黑7是锐利的手段，白2并不严厉。

这个"镇神头"以及顾师言的对局，不似日本从布局开始逐渐移行于战斗的那样，而是上来就找对方的断点，纠缠在一起拼命的"力斗棋"。这是我的非常强烈的感觉。

"力斗棋"在很长的一个时期里，可以称之为中国棋风的特征，至今中国仍留有这个传统。

近二十几年间，日中围棋交流盛行，中国站在"向围棋先进国日本学习"的立场，从"日本流"的布局中学得了很多，使人感觉面目一新，但"中国流"的"力斗棋"也不是踪影全无，详细情况随着本章的进展，相信读者是会明白的。

关于白32是否如《玉海》中的传说那样，使"日本皇子推枰认负"的一手，广月绝轩是这样说的：

白32骗招，这样下，杀不了中央的黑棋。

黑之所以被杀，是因为黑29打吃浪费了劫材，至白48，上方白棋无论如何都长了一气，中央黑棋要少一气。手顺既然错误，黑也就被杀告终。

第三图（原型）

广月绝轩认为：

黑14有误，此手应着于 A 位，白6再黑14，黑快一气。白6若着于14位，则成劫。

但第二图中，白46至48跳出，白快一气，中央的黑棋被歼。

第四图（正解）

正解是黑4、6，以下是黑10、12成劫。白13时，黑14是劫材，然后是黑万劫不应杀白。问题出在第二图的黑29先打吃，自行将劫材消掉了。

以上诸图，为《仙机武库》①中的拔萃之作。

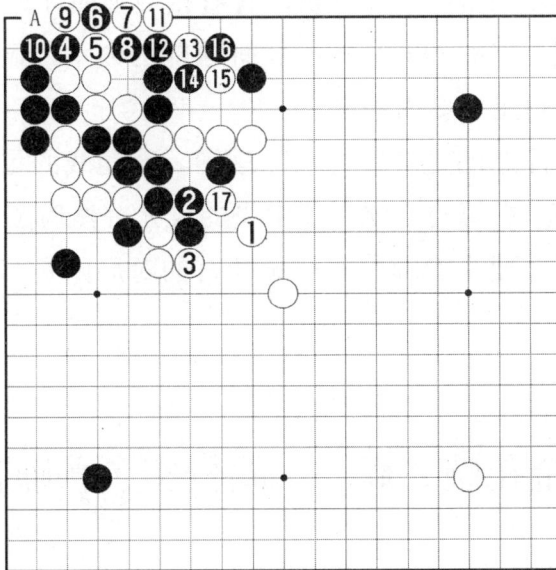

第三图

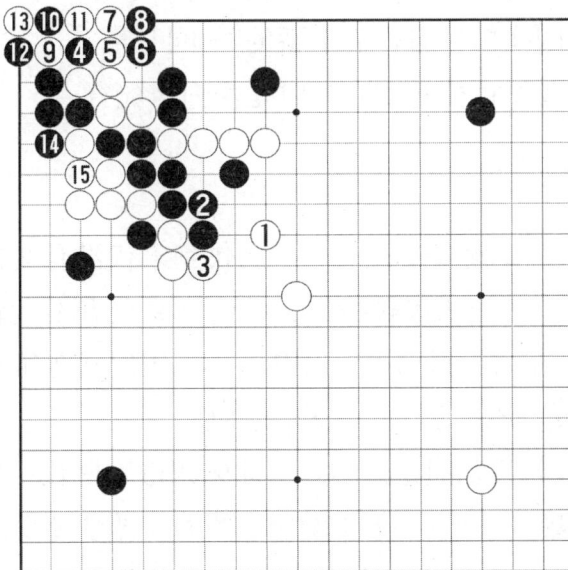

⑯＝❿　　　　　第四图

---

①中国古代棋书。

我的看法是，"镇神头"这一着的好坏暂且不论，可以从中看到黑白都是以死相搏的力斗形棋，有着相当强的计算力。

中国唐代（618—907）的棋就有这样的力量，仅这方面，唐文化之发达，也足以令人瞠目。

还有值得注意的是"镇神头"这图，对角线的星位，先放上黑白各两座子，白第一手就占了中央的天元，然后黑才开始下。

而我们下面要说的阎景实与顾师言的对局则是，白的第一着没有下在天元。

赌金花碗之局——阎景实·顾师言

本谱之所以被称为"金花碗图"，旁边的注解已经说明，更加详细的情况则不得而知。总之，这是阎顾二人以一只金花碗为注进行的争棋。阎执白先着，后手番的顾1目胜。

从本局中我们也能看到，当时是由白棋先行。

第一谱

白1挂，黑2就直接夹击，从唐代到宋代没有变化地一直延续着这种下法，激烈的接触战贯穿始终，完全看不见有"布局阶段"。倒是我们在前面提到的，后汉末年三国时代孙策与吕范的那局仅43手的棋，还展示了一些布局的形。

只是，孙策与吕范的棋是刊载于北宋宋徽宗时代（1101—1126）的《忘忧清乐集》，相隔近千年的空白岁月，随便就说孙策·吕范局乃后汉末期的棋谱云云，似乎也不甚妥当吧。

顾师言的棋是唐代的棋，与宋代的棋相比较，虽然唐末经五代的战乱只有约两百年，但要想真正研究其间围棋所发生的细微变化，任谁都是不可能的。

我期待能深入了解从那个时代（唐代）起一直到现在，中国围棋基本手法的产生与变化。从"镇神头"和顾师言的棋中我们可以清楚地看到，"中国流"是以局部战斗集积而为一局整体的。

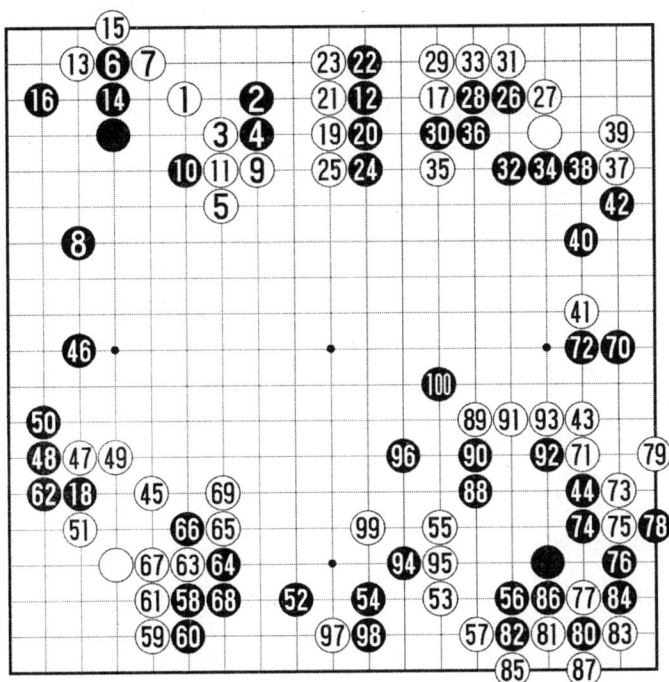

金花碗图

待诏阎景实与顾师言争注盖金花碗一只，阎景实白物先，顾师方黑胜一路。

第一谱　1—100

布局的阙如

到这里，已经屡次三番地指出"中国流"布局的阙如。那么布局到底是什么呢？大家都会说："不就是最初棋子的分布嘛。"这样回答虽然没有错，但是，在布局的这个时期，一手棋，一手棋的价值，其判断和考虑自有其独特之处。

毋庸赘言，理想的情况下，当然是在初期所下的棋要照顾到中盘，"这样下的话，将来战斗起来会快一气"，"悄悄地向那一方面围，虽然精密计算做不到，但总会是有利的"，甚至是照顾到最后的官子阶段，"这样下收官时候会是 8 目，比那样下的 6 目多赚 2 目"，等等。将所有都纳入考虑之后再进行判断和选择着点。

当然，还有一种说法，就是布局阶段根本无法像那样去判断价值，而对局者即便是搞不清具体价值也必须选择的着点。

如果确实是如此的话，那么应该怎样选择布局的着点呢？回答是简单的："虽然不知道这一手棋是多少目，但自己感觉这样下将来会有利。"这样就行了。

换言之，就是对于未来的可能性的洞察与判断，这才是围棋的判断。

其实围棋布局时期的判断是一种感觉的判断，最终，"自己感觉是这样"的一种主观判断。

当然，单凭主观判断也不行，还要根据客观的具体情况。比如顾师言与阎景实的对局，白 19 从上面肩冲，黑 20 压出，其实黑便是在 21 位忍耐，也没有生死之忧，但这样下的结果是，上方的白必然得到加强，在今后必然发生战斗的中原一带，白将构筑压倒的势力。

黑因此不得不忍痛弃掉左方两子，黑 20 向中原寻求出头。这就是黑方认定与左方失掉的两子相比，向中原出头更有价值的判断。当然，这一判断无法清楚地计算到底是多少目数，而是对将来的可能性的一种洞察。

这里虽然已经不是"中国流"的那种局部战斗了，但还是不能与日本布局可能的感觉判断同日而语。上边的那些问题、手法，以日本布局思考方法是无法想象的。而且，即便是高段者，对具体到底是损还是得，也很难搞清楚。这里，只有凭着自己以往的经验，做出直观的判断，再决定着手。布局的难也就在于此。

　　中国的棋，从千年前唐代的棋中可以看到，局部的力战贯穿始终，完全跨越了最难的布局感觉判断，而直接进入战斗，这种倾向直到现在也没有改变。

　　接下来我们继续来看局面的进展。上边的黑弃掉左方两子，至白 25 的结果，白得利。黑 26 立即策动，利用 22 以下的势力侵入白角。不过，右上角的白星在高位，黑 26 与白 27 的交换帮助白巩固了角部，现在的感觉是黑损。

　　白 29 单在 40 位开拆就很好，但从把围棋理解为战斗的当时"中国流"的感觉出发，无论如何要做白 29、31 这样的顽强，破坏上边黑的眼形，继续战斗，这与现代日本围棋以角、边的"地"为重点的理念相比，完全不在一个层次。

　　"中国流"在攻击的可能性这个层面上，倾注了较高的感觉，所以就缺乏布局的感觉了吧。

　　比如白 35 的靠与 36 交换，就是在当今的日本，不具有相当程度作战经验的人，也是下不出来的。

切断与联络的重视

　　本局白 7 阻渡的一手，以现代日本棋的看法，时机尚早，现在的感觉是：

　　参考图一　白 1 轻盈转身，先鞭左边，允许黑 2、4 渡，以下白 7 断已得利，黑整体处于低位，是白棋有趣的局面。但"中国流"对于切断和联络比日本要重视。

　　当然，两块棋连在一起肯定是得到了强化，现在日本围棋也不否认。

　　但是，与日本棋相比，联络对于中国棋还有一个重要的意义，那就是日中两规则中计算方法的不同。这种不同并非仅仅是在终局时计算的技术问题，而是本质的不同。

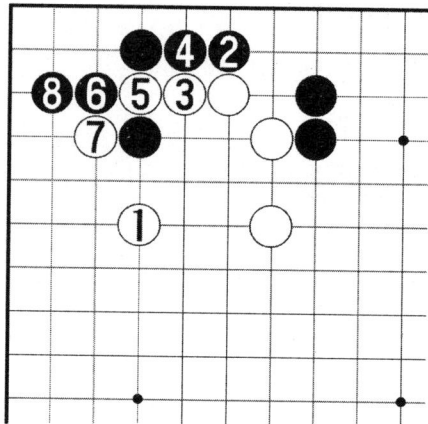

参考图一

参考图二 这是黑白子各两个集团互相接触和对峙的场面，各自都有两眼。在日本的规则之下，A点完全是"驮目"（无用的单官），可是，请诸位不要忘记中国规则是以"盘上的活子及地的和相比较"为基本原则。

参考图二的 a 点，因为是作为这块棋的两只眼，所以自己最后是不能往里下子的。b 点也一样，如果在其中之一下子的话，就突然发现这一团白子只有一只眼而要死了。所以，为了生存，一个集团要与另一个集团连接起来，而且整体必须保留有两只眼的空地。

那么，参考图二的 A 点如果被黑下着了的话，a 集团与 c 集团就连接起来了，整个 ac 集团就有四只眼，因此，黑的活棋还可以再下两手。同样，对于白棋（b 集团、d 集团）来说，道理也是一样。这个 A 点是白棋还是黑棋下着，按照中国规则计算相差四目。这个中国规则下四目价值的棋，日本规则下完全是"驮目"（无用的单官），差别太大了。

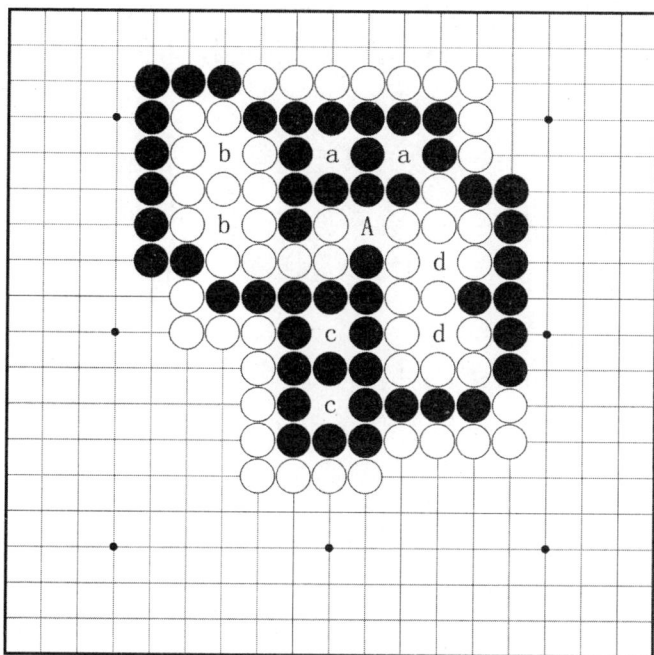

参考图二

所谓"还棋头"

　　我本想在有关中国式规则与日本式规则不同的第一章里就提及"还棋头",即"切断费"的问题,后来却取消了,那是因为不希望引起不必要的混乱,而且,这种情况经过日中两国围棋界的交流和整合,A 点为单官("驮目")已经成为惯例。没有必要对"还棋头"做更多的说明。

　　然而,作为原理,一局棋结束的时候,多出一块棋就要多出一子的负担。正如参考图二向我们展示的,这对于一局棋的胜负来说,其影响是相当大的。我们避开繁杂的说明,权且把"切断费"看做 1 子。

　　近年来,日本规则进入中国,中国依日本规则,废止了"还棋头",所以在前面就不必进行更深一步的探讨。

可正如我们所了解的那样，"切断"作为一种负担的那个时代，是否把棋连在一起与胜负有关，因此中国围棋对联络的重视也就不难理解了。

当然，将一个一个分散的棋连接起来，棋就得到了强化，这一点，无论是中国式还是日本式都是一样的，而中国规则更包含有现实利害在其中，联络的反面是切断，重视联络，当然切断也同样重要。

本局，针对顾师言左上角黑6联络的意图，阎景实白7阻渡，可称之为"中国流"，这里的联络和切断，比日本式计算方法具有更大的现实利害。

正因为联络和切断实在是很大，所以不能像日本式那样做"轻处理"也是理所当然。

本谱可见，白41直接向黑的一团子发起攻击，以现在日本布局的观点来看，应属特例，像这样的攻击方式只有在中国才能产生。

引起我注意的是，"边上的开拆，一般都是三线的二间开拆"为基调。本谱也是，上边的黑2、12，右边的白41、43，左边的黑8、46，全都是三线的二间开拆。这肯定也是重视联络的一种着想，为什么这样说呢？因为边上开拆的两子要想不被切断的话，只有三线的二间开拆和一间拆。

在中国围棋史上，对三线二间开拆的重视，是从三国时代吴国（222—280）孙策与吕范的对局开始，一直延续至今。其中的根源，一是对于联络与切断的重视，以及我所研究发现的围棋原始形态下，三线为"天"、"地"界限，且很可能已经形式化的结果。

第二谱

阎对顾的这一局，后手番执黑的顾终局1路胜。本局是作为中国围棋手段历史变化的素材介绍，省略了对棋谱的详细说明。

第二谱

玄宗皇帝的棋——明皇·郑观音

前面提到的《玉海》中"镇神头"的故事是发生在唐宣宗大中七年（公元 853 年）。大约五十年后，公元 907 年，这个延续了三百年的唐王朝灭亡了。"镇神头"及顾师言都是在唐朝的末期。

那么，三百年的唐王朝初期的棋就没有吗？有，只有一局，同样出自《忘忧清乐集》，为玄宗皇帝与侍臣下的棋。题名为"明皇诏'观音'弈棋局面"，明皇就是有名的唐玄宗皇帝。

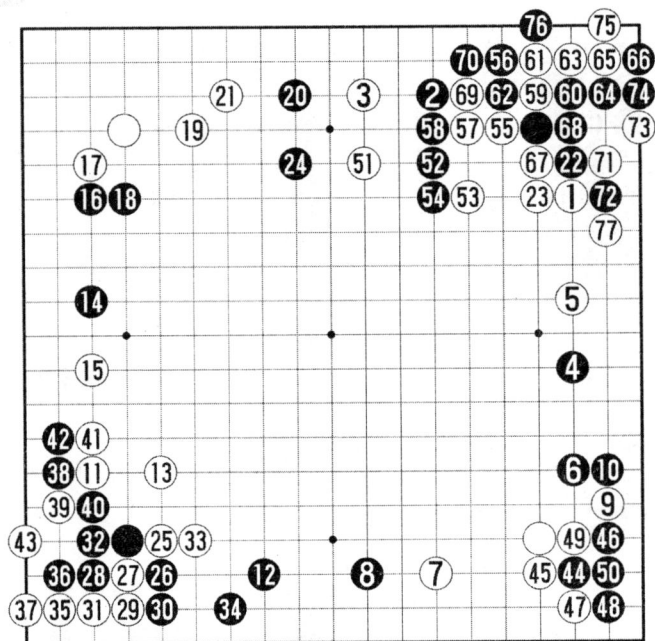

明皇观音弈棋局面

（注：原谱中有两三处不明，按照笔者的推想进行了订正）

在中国历代的天子当中，像唐玄宗这样生活丰富多彩的人并不多见。这里当然不能详谈，不过，最后为避安史之乱，他不得不携高力士、杨贵妃逃往四川时，一行当中就有中国当时围棋名手——王积薪，一代风流天子的面目跃如，真是兴味深长。

本谱与阎景实、顾师言的"金花碗图"相比，技巧及格段都要差些。因为是玄宗皇帝下的棋，水平难以苛求，也许不能成为研究唐代棋风以及手段的历史变化线索，有关棋谱的详解就省略了。

名手王积薪的妙手

随玄宗一同逃亡的王积薪似没有留下完整的棋谱，仅在《忘忧清乐集》中留有"王积薪一子解双征"一式。

如下图，对局双方以必然之手段相互追逐，白以43一手，摆脱上下双征的妙招，就是王积薪下出来的。

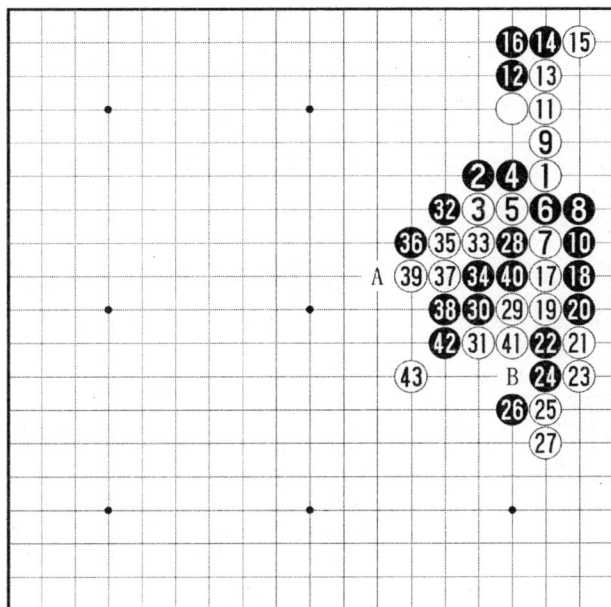

王积薪一子解双征

近似布局的出现——贾玄·杨希粲

这对局者是唐代人是肯定的，具体年代不详。从说明中得知，唐待诏贾玄与杨希粲对局，八日后希粲败。

特别列举了这一盘棋，是因为贾玄和杨希粲都是相当的高手，两人所在的唐代，围棋已经相当的进步。从中可以窥见近似于布局的形，而且两者中盘战的计算也是十分清楚。

第一谱

在对角线上先各放两子，然后才开始下，而且全都如是。从六朝时代起，经过四五百年仍无改变，恐怕已经形成一定形式的定律了。

到白44为止，棋都基本上尽量下在了角边，自右下角黑45三三点入，右边的黑被围，至此，战斗才展开。到白44为止，可以基本上看做布局完了。

黑35是常用的手筋，在前面晋武帝与王武子的对局中也可以看到。已经形成了定式。

但是，黑45三三打入，在黑右边还很弱，上方白坚壁耸立的现在，不能不说有若干无理手的成分。

黑55瞄着白气紧，将来有87断的味道，力量相当大。这是贾玄藏有后续手段的一手，但还是感觉时机尚早。右下角77也暂不下，静观白的出头为好。

白56是众目所瞩的攻击急所，但是直接在58逼更严厉，为什么这样说呢？就是因为白上方坚壁的存在。

白58、60严厉，杨希粲还真是相当的高手。

不过，也可考虑右下角白A位冲，黑B，白C可以先手断，这样下的话就没有后来黑87断的问题了。

黑63是轻巧的手筋。

黑65以下，因上方白棋坚固，可视为黑得利。

黑77在D位立，已见活形，是有力的一手。不过，黑如立下，则白A黑B白C是愉快的先手利。

黑77与白78的交换，白感到难受。

接下来，针对黑79，白80罩，攻击，杨希粲的力量相当大。

白86或可尝试着在96位扳一下看看，似能防御，黑如单在86断，因有打吃的筋也不行。两者的计算都很深。

接下来立刻就转到了下边，感觉是白有利，但黑右下角77位尖已先手获利，且白就右边一方地，黑也可下。

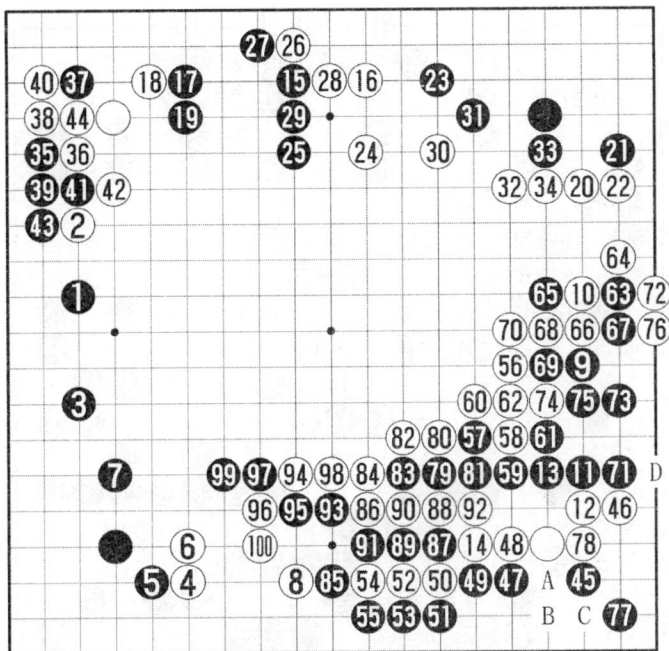

贾玄（黑先）杨希粲

贾玄图　唐待诏贾玄与杨希粲对局，贾玄黑先，希粲输八路。

第一谱　（1—100）（注：白44原谱遗漏，此处为笔者推定）

我们再回到棋局的布局阶段，与前面数局相比，白14不是大飞缔角，而是一间跳，十分引人注目。置右下方的"地"于不顾，旨在与白10一并对黑右边一团构成攻击。感受到这种积极的意识。

但与白14同样一间跳的黑7，因有黑1、黑3的存在，在这里，与其说是注重对对方的攻击，还不如说是觉得"地"的扩展更为重要。与刚刚列举的白14不能相提并论。

第二谱

黑9、11得利当然。白14三三打入觊觎已久，黑15并是急所，白貌似并不成功。

黑17的断恰当其时，不经过相当的计算是下不出来的。

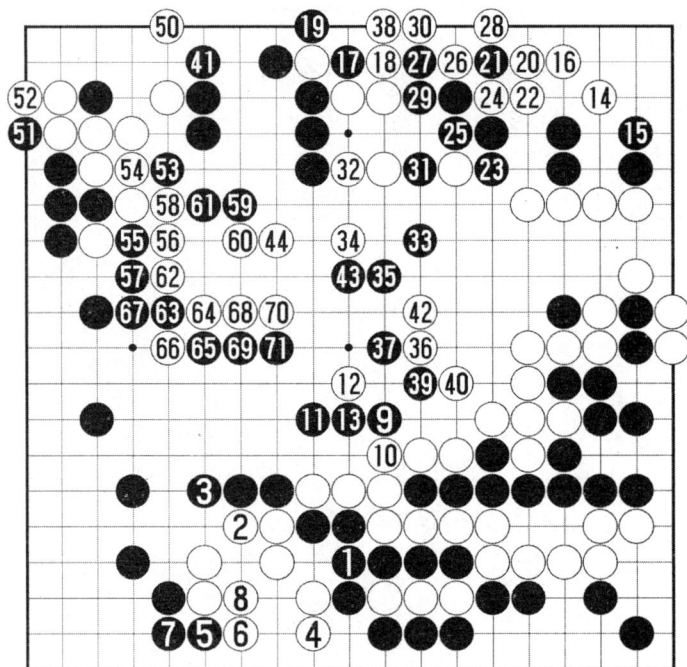

第二谱　1—71（101—171）以下略　黑八路胜

（注：原件45至49不清楚，印刷模糊）

第五章
棋风的变迁·宋

东方的文艺复兴

大唐三百年的治世，终于公元 907 年。中国大陆再次被狂澜卷入乱世。此后，赵匡胤平定了五代十国的战乱，建立了宋。后来，就是这个宋，饱受匈奴、鲜卑还有辽、金等北方民族的侵略，不得不南逃。

北宋末叶的天子是宋徽宗。《忘忧清乐集》正是在宋徽宗时期在宫廷内编纂的。是现存中国最古的围棋书。

该书序文的末尾载有宋徽宗的一首诗：

> 忘忧清乐在枰棋，
> 仙子精攻岁未笄；
> 窗下每将图局按，
> 恐防宣召较高低。

其中的首句便作为该书的题名。

从唐至五代时期节度使、藩镇等掌握实权的武人政治，向皇帝握实权的文人官僚体制转换，就是从宋代开始的。地方地主阶级的子弟，通过科举考试得以进身于官僚阶级。

某些学者把宋代称之为东方的文艺复兴时代，当时庶民文化也十分兴盛，似可以看做中国近代社会文明的黎明期。在宗教方面也是如此，佛教中，较之空理更重实践的禅宗空前繁荣。日本的荣西、道元渡海赴宋，前者将临济，后者将曹洞禅传来日本。同样，科学技术方面，承唐五代之后，继续不断兴旺发展，木版印刷的大发展也正是在宋代。

在北宋宋徽宗时代，正是得益于那个时代背景，又乘庶民文化发展昌隆之际，最早的棋书《忘忧清乐集》诞生了。

以下将论及的《忘忧清乐集》中北宋时代的棋谱，对局的场所几乎全都是东京。这个东京就是北宋时代的开封府。这正是汉代扬雄"关之东，齐鲁间称之为弈"的那个黄河流域北方文化的中心。后汉以降，黄河流域的人口大量向江南一带迁徙。不过，可以推想，北宋时代，围棋在黄河流域依然十分盛行。固然，北宋因不断受到来自北面和西面辽、西夏的侵扰而烦恼，但也不可能就此弃黄河地带而去，这就是当时中国的现实。宋徽宗的那个年代，北方与南方的文化还没有紧密地连接在一起。

《忘忧清乐集》的卷首记载有六朝时代，以及孙策与吕范，庞统与徐庶的对局，从中，中国南、北方的文化联系，以及自北向南逐渐渗透的征兆已可见一斑。

该书还记载了宋代名手刘仲甫等四人在四川的首府——成都①

①此处系指成都府四仙子图，据后人研究，图名中的成都当另有所指。

下的联棋。自古以来，四川有着强盛围棋的传统。中国现在的选手中，黄德勋、陈安齐等，还有女中魁首孔祥明也是成都人。他们都深深地体现了这一传统。

《忘忧清乐集》表明，宋代以后围棋的名人高手很多，像我们刚刚提到的刘仲甫（被誉为棋圣）、晋士明、杨中隐、王珏、孙侁、郭范、李百祥等，书中都刊载了他们的对局谱。在前面我们介绍了阎景实、顾师言的棋，下面我们将要介绍名手刘仲甫以及宋代的棋。

刘仲甫吐血——遇仙图

书中载有"遇仙图"，注释当中的骊山，便是唐玄宗和杨贵妃经常去的温泉所在，古都长安东南。本谱记录的就是宋代名手刘仲甫在此遇见了一位老婆婆，以及与这位老婆婆下棋的故事。该图又名"吐血图"，仲甫在此败给了无名老妇惭愧至极以致吐血。下面是我对该谱略做的评注。

该谱的旁批注有黑46"妙"，还有黑70鼻顶也"妙"。依我看来，确实都是妙手，但并非那种奇想天外的绝妙之手。

恐怕这图是"做"出来的吧，是以那种"车错毂兮短兵接"的激烈的接触战为中心，在此就不做详细地说明了。临近终了的时候，在黑下98之前，白本有A位靠的筋，如果这样下的话，也不至于落到那么惨的地步了吧。

总是这种令人喘不过气来的连续战斗，体现了中国的力战形棋风。

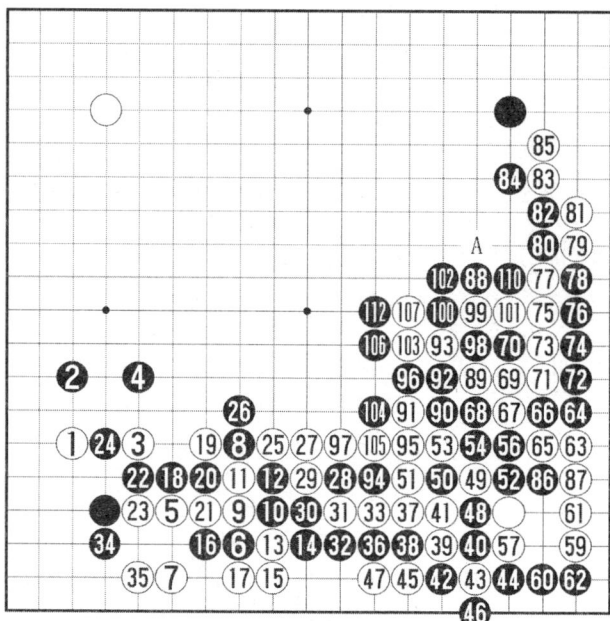

遇仙图　本朝（宋朝）刘仲甫遇骊山媪弈棋局面

图又名呕血图　（1—112）

王积薪与山野母女

这是个和遇仙图类似的故事，而故事的主人公就是我们前面曾谈到的唐玄宗时代的名手王积薪。

刘仲甫的生卒时间不详，总之是活跃在北宋时代，以此算起，与唐玄宗时代的王积薪，大约相隔三百年。

因史上著名的安禄山叛乱，唐玄宗亡命蜀地，围棋名手王积薪也随从其间。王积薪迷于蜀中山路，且日薄西山，正值困顿之中，忽见一点灯火，近前一看，屋内一老妇正在教一年轻女子围棋。

王正好此道，于是便上前乞留一宿，并愿与老妇对弈一局。老妇言："先与吾女对弈。"王应允。唯棋局开始便不力，自筹断无此道理，吾乃当今一流名手，岂能负于山野木樵之女哉？于是更振奋全力以赴。然颓势不改，弈至三十六手便全盘溃败。

当然，这个"三十六"绝非是个现实的数字，彼西域有三十六国，日本亦有三十六歌仙，东山三十六峰等等，象征意义在内，寓无限之意味于其中。总而言之，在此，王积薪是竭尽全力终究难逃一败。

故事的末尾，次日王积薪醒来，已不见老妇母女及房屋，自己竟卧于山路旁草丛之中，才知昨夜必是遇着了仙人。积薪是在蜀中的山路，而仲甫则是在北之骊山，场所的不同而已，趣味却是相同。

与前面我们提到的烂柯图一样，都是与山有关的故事，山中住有仙人，于是让我们产生出围棋与仙境有关的联想。

北宋时代的定式——郭范·李百祥

郭范和李百祥也是宋代的棋手，但是，许多年后，宋代史上留名的只有"棋圣"刘仲甫，一如后来清代的黄月天。

本谱的左下角，对于黑 1，白当然是以 2 夹击，这种下法在北宋那个时代已成为定式了吧。

黑 5 生硬，倒是想下在**参考图一**的黑 1 的方向。可是因事先对角星位上已配置有了白子，征子必然是白有利也要考虑进去，白 2 跨，有挑起战端的手段，黑未必行。

白 2 如下在 3 位尖，黑 2，白 A（其实这种下法也是有的）也让黑有所顾虑吧。

起手就以 △ 直接对 ▲ 进行夹击，从逻辑上说来，是白不愿意黑如**参考图二**就那么轻松安定吧。

73

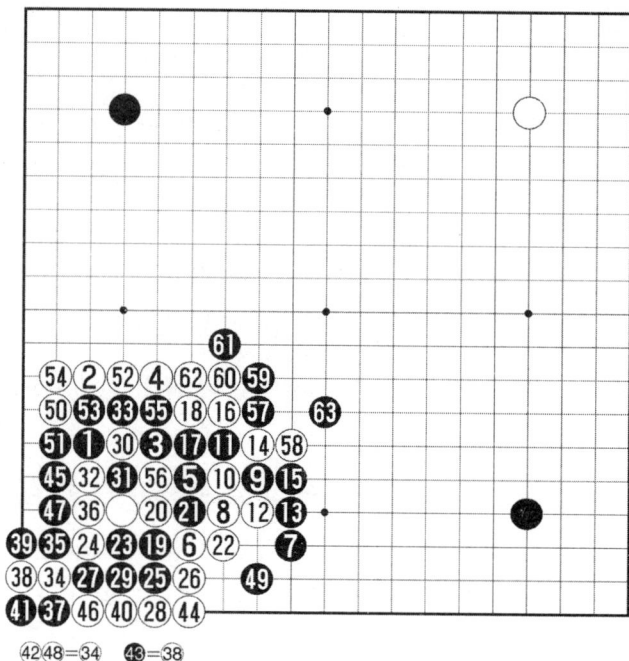

万寿图　东京于州北万寿观　郭范饶李百祥黑先共一百三十着　第一谱　（1—63）

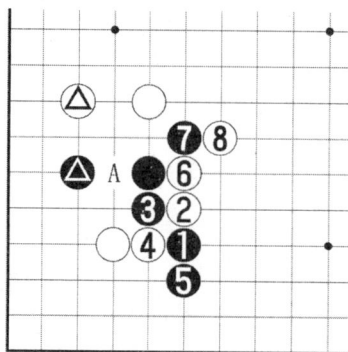

参考图一

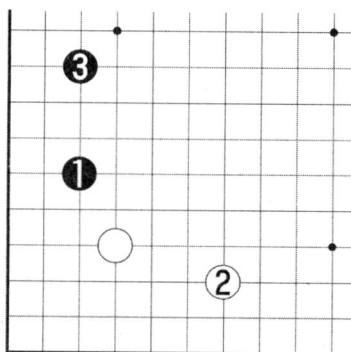

参考图二

黑 1、3 在边上三线的这个拆二实在是很大，这一结论并非仅限于本局，现今存留六朝以后的古谱，都是以边上三线的这个拆二作为布阵的骨骼，而备受重视。正如我们前面所提到的，边上"第三线的拆二"是对方无法切断的，这在当时多少也是理由之一。

现代围棋认为，这样的价值判断有误。

黑 9 罩，过分强硬，味道极坏。我看问题在于最初的黑 7，现在的下法是在白 8 的右面小飞。

接下来白 12 是俗筋，单在 14 切断是手筋。

双方的计算都很深。黑 23，如**参考图三**黑 1 立，白有 2 位的挖，以下至白 12 为止，因事先对角星位上已配置有了白子，征子是白有利，黑被吃。

黑 23 应在参考图三的 3 位忍耐。

双方延续着这种吃与被吃炽烈的白刃战。黑 49 尖，要吃白棋。

白 56 不行，恐怕是漏算吧。

总之，因战斗外围的征子关系，黑 59 至 63 的枷成立。而对于白来说，如果就这样被吃了，棋也就无法再下了。

本局的记录到 130 手为止，左下角白的损失太过严重，左下角一战结束后，后半盘变得兴味索然，所以对本局的探讨也就到此为止。

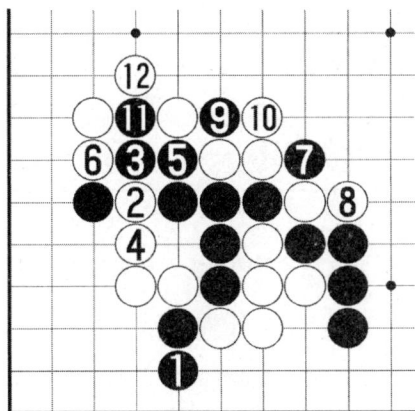

参考图三

有趣的尖顶——刘仲甫·王珏

白 4 尖顶的手顺，真是绝无仅有的例子，这种情况下基本上都是在 A 位跳起，这个白 4 十分有趣。

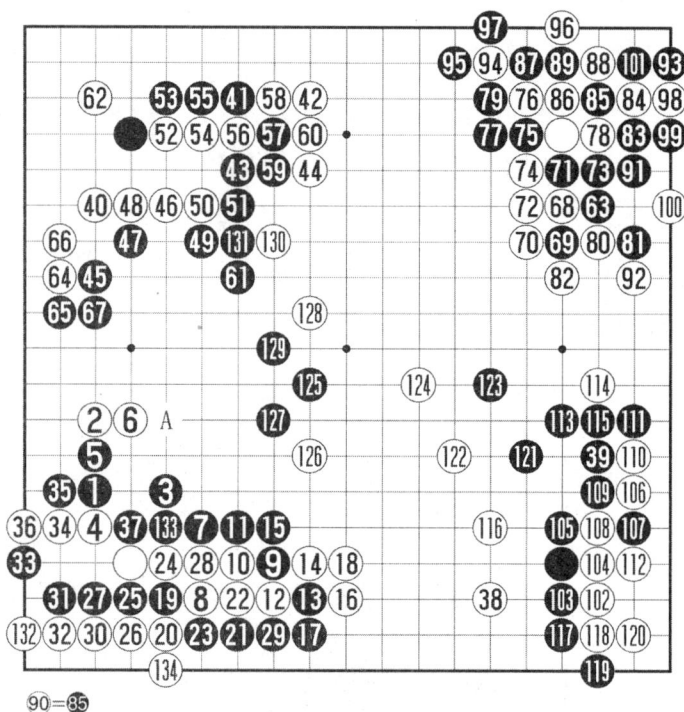

长生图　东京于万胜门里长生宫　刘仲甫饶王珏黑先共一百三十四着（1—134）

黑 9 也十分少见，按照现代围棋的看法，在这里，十人当中有十人都会注目于此，旨在寻求最妥当的定型手段。

最初在左下角的战斗，黑释放了如同诘棋般的妙手，别无选择的黑 33 尖。出于对黑 33 的预料与期待，黑 25 以下进行铺垫，而白 26 以下却完全不料黑 33 妙手。黑 33 与白 34 下了之后，黑 35、37 就是绝对的手顺。

白利用此形固然走到了 132 点活角，但实在太小了，为了活棋，至关重要的棋子被吃掉了，棋下到这个份儿上，也就没有多少意义了。

实际上，棋到这里就已经结束了。

接下来左上角的战斗，白 62 急所，将左上方的地占为己有，大势已不可动摇。

右上角黑 85、87 是常用的手筋，以下至黑 99，这里黑局部计算很到位。

挂的新趣向——晋士明·郭范

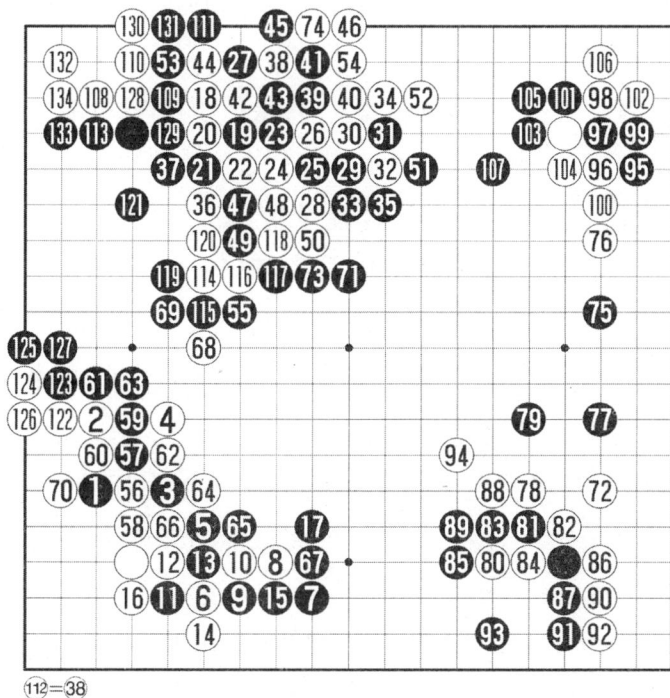

金明图　东京于州新郑门外金明池五殿　晋士明饶郭范黑先共一百三十四着（1—134）

白 18 挂，黑 19 是新手。由于这种新趣向，左上角的战斗，黑白双方都十分紧迫。

在另外的版本中，本谱的天元处放置有一白子，通观《忘忧清乐集》都没有此处放置白子的棋谱，我们选择采用没有白子的棋谱。

正如前面提到的，宋代名手除刘仲甫以外，还有王珏、李百祥、晋士明、郭范，另外还有孙侁、朱逸民等人的对局也收录在《忘忧清乐集》中。

宋代的定式

从宋代的棋谱中，我们可以窥见宋代的棋风，还可以了解到一些普通的定式。

就此而言，在《忘忧清乐集》中展示了诸多角部的定式，下面将要探讨它们的特性。

综观前局，这些定式有这样几个特点：

1. 首先，在对角线上放置黑白各两子。

2. 然后，第一着是以小飞挂开始的（基本上）。

3. 六朝时代的大飞挂角遭到摒弃，取而代之的是小飞挂。对于挂角普遍采取立即就夹击的积极下法。

因此，那个时代的定式就全是以挂星角作为基础的战斗形态。

除了挂星角这种定式之外，在《忘忧清乐集》中还有一种叫做"空花角"的。

这是作为角线上各放置黑白二子的标准棋之外，让二子、让三子或其他没有座子的空角情况下的一些角部的定式。

书中记载了十二种"空花角"的变化，在这里我们介绍两三种。

图一 A

正因为是定式，所以第一着不拘角部座子的常套，然后接着下白2，"空花角"的十二图都是如此。

白8相当的俏皮，黑9则表示了无论如何都要封锁的意图。

中国围棋普遍是这种严厉的下法，没有日本那种布局阶段，直接就进入激烈的战斗。但是，局部的计算十分正确，令人惊讶。

接下来让我们来看另一例图。

图一 B

白19、21便宜后，黑自22始，要弃左边与下边交换，而白不肯，无论如何都要贯彻封锁的意图。

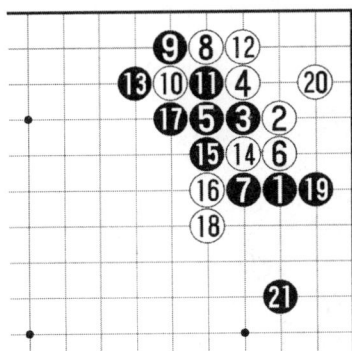

图一 A

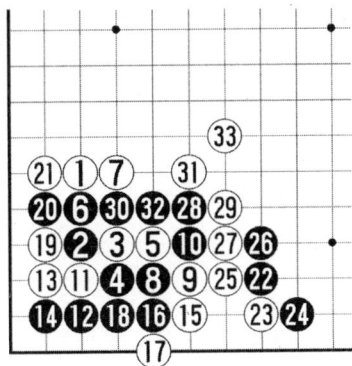

图一 B

图二 A

白的6、8无论怎么看都是俗筋，形状不能令人满意，我看，只有在那个时代的中国，被使用的机会才会这么多。正是由于这个原因，白6、8以后的变化成为定式。

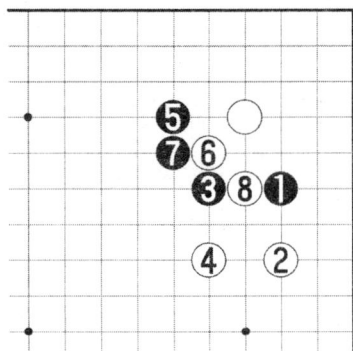

图二 A

图二 B

前图白 8 以后的手段。黑 1，白 2，黑 3 强烈挺出。白 8 的立是有趣的手筋。白 14、16 将气勒紧，然后再在急所 18 位跳，黑 19 卓拔之手，就这一点来说，正是现在的中国棋手强的地方。黑 39 先靠，然后再 41 紧气是常用的手顺。

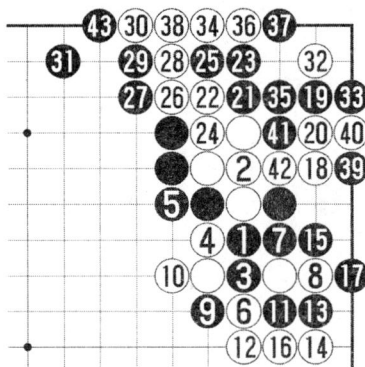

图二 B

图三

此图又被称之为晋士明新图，含有晋士明下出了新手的意味。我在少年时代学习的中国古老定式里面，就有晋士明新图。

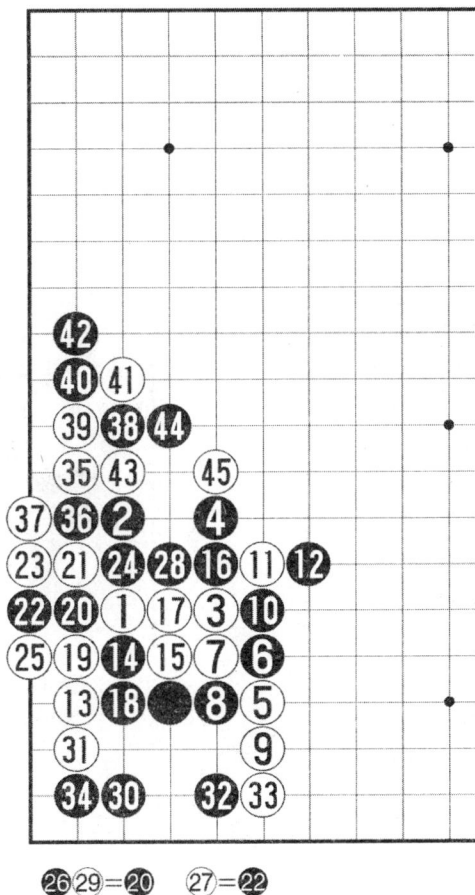

㉖㉙=⑳　㉗=㉒

晋士明新图　图三

图二 A 的白 6、8 是很难下得出手的俗筋，而针对白 5 小飞这样的手段，另外一种常见下法就是黑 6 的跨，因对角上有黑星位的座子，征子关系是黑有利。

白 45 妙手一发，立刻摆脱困境。

图四 A

与图三类似，这也是我少年时代学过的中国定式，记得当时学习的要点说的是：

对于白 42 的贴，黑 43、45、47 勒紧也无法躲过一劫。

图四 B

黑 4、6 的枷是好手。

白 1 顽抗，白 3 则紧紧盯着征子关系而忍耐待机，瞄着对左边黑的攻击。这是引人入胜的攻防战。

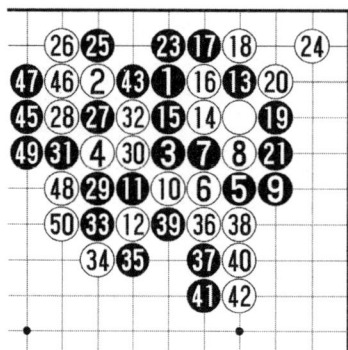

㉒=⑬　㊹=㉗

图四 A

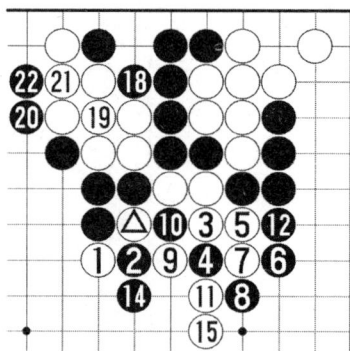

⑬=△　⑯=⑩　⑰=❹

图四 B

图五

这里还有相当有趣的手筋。

白 22 扳便宜后，24 可以称得上是绝妙的一手。

以上介绍了宋代的几个局部战斗的形，从中可以看出，当时的棋与现代不同，还说不上有所谓的布局阶段，而且局部战斗常常令人觉得太过辛辣。但是，因为与现代棋不同就给予过低的评价是不对的。

毕竟，那个时代还是公元 1000 年的初期，距离现在差不多是一千年前，对于中国先觉者的成果，我从内心表示真诚的敬意。

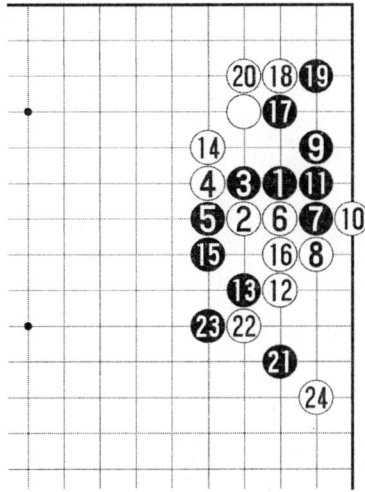

图五

第六章
棋风的变迁·元明

中国围棋的落潮期

　　唐宋所创造发展的文化，在元代开始落潮，围棋的世界也不能例外。这似乎是因为元是所谓侵略王朝而导致的必然结果。之前所欣赏到的盛唐至宋代所绘的绚丽多彩的画卷被慢慢地卷起，围棋世界的落潮已是无可争议的事实。

　　元代，围棋方面的记载留存下来的是晏天章、严德甫著的《玄玄棋经》，此外并没有留下其他棋谱。接下来的明代，中国汉民族又重新恢复了统一，还是没有多大改变，与围棋相关的文献很少。

　　《玄玄棋经》出现在至正七年（公元1347年）元末顺帝时代。同一个世纪里，公元1368年，太祖朱元璋建立明帝国，之间相隔仅仅不到三十年，所以确切地说，《玄玄棋经》应该算是元末明初的作品。

　　当时的名士虞集为《玄玄棋经》撰写了序文。虞集自天历年间（1328—1329，即顺帝之父，三代前元明宗的年号，与顺帝的

84

年代相隔仅仅二三十年）便侍从于宫廷，后来退休南返。撰写这篇序文，就是在此后十年的这段时间。"今年秋，客有自庐陵来者，为言故宋丞相元献公之诸孙晏天章与其乡人严德甫，俱以善弈称。对弈之暇，各出其家之所藏"，这便是《玄玄棋经》的由来。

从以上我们可以看到，从元朝的明宗到后来的顺帝，也就是元代的朝廷，对于弈（围棋）的钟爱。而且，从虞集的略历里我们也可以得出这样的推断：作为朝廷的官僚们，和其帝王一样喜爱围棋，因此，围棋的命脉才得以保存延续。

接下来的明代是汉族帝王，史书记载，明对于元文化大多予以承袭。在元退潮的围棋，在接下来的明代能再度绽开绚丽的花朵吗？正如第二章中所载杨联升指出的那样："'中国流'的复归，在此明代。"以此历史考证作为理由，我认为明代政治的要领是复古主义，所谓"恢复中华"的那种强烈愿望。在形式上，是以朱元璋成为"明"的太祖而得到了解决。而在为"明"所封授的官僚群间所保留的围棋传统，则是孔孟乃至后汉传留下来的文化命脉，此时，在"恢复中华"的政治意志之下，古代的"弈"才真正得以复归。

明代，围棋的昌隆一线还是系于官僚阶层的兴衰。世人瞩目的海外拓展①那汹涌的波涛，却没有波及围棋。明成祖永乐帝时代经济的爆发，也没能使得文化伴随而起。问题出在，这个时代的文化是把持在官僚的手里，庶民不得参与。

中国围棋，也只有静静等待后来清代考证学派所推起的迅猛复古浪潮了。

---

①主要是在贸易方面。

元代的诘棋

《玄玄棋经》中记载的珍珑和诘棋，确实能够看到一些精妙的手筋，数量虽少也可以从中看到当时的水准，总是不凡。

从这些拔萃之作中将选出一些揭示如后。

另外，在前面介绍"镇神头"时我已经提到过，这个元代的《玄玄棋经》，正是后来德川时代给予日本围棋巨大裨益的那个版本。中国一流的局部战斗和卓越的技术水准实在是令人惊讶，当时的日本棋士看了之后也会感到惊讶吧。

所以说《玄玄棋经》是日本诘棋的源头，也言不为过。

第1图　运筹决胜势

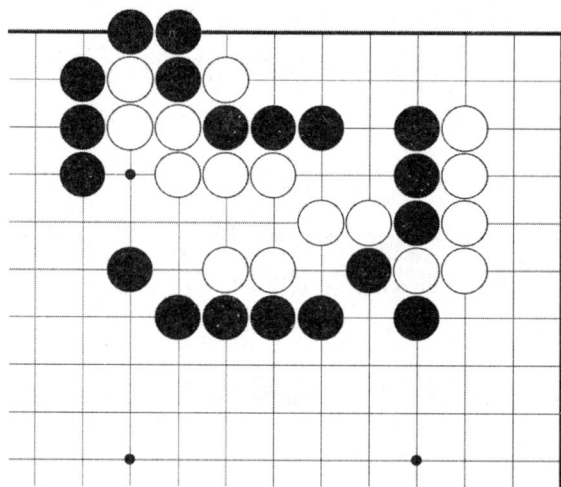

中国的诘棋全是以其特征来命名的，本图的"筹"就是谋算之意，运筹于帷幄之中，而决胜于千里之外。

第 2 图　相扑势

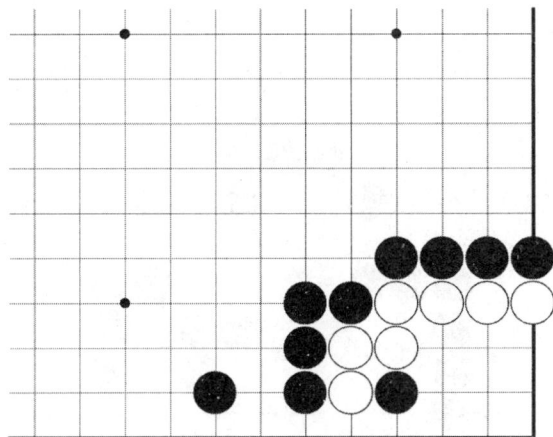

这里的"扑"含有倒扑的意思，基本图简单，又是实战的形，作为诘棋很合适。

第 3 图　王陵研营

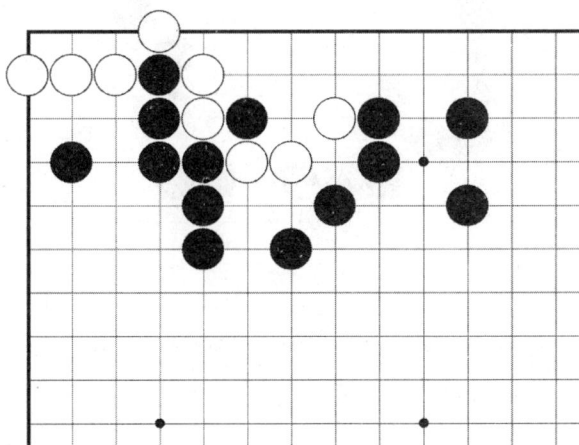

大漠中的王陵对敌阵仔细研究之后才发起攻击之意。这也是实战的诘棋，与第 1 图、第 2 图一样，日本的诘棋书所常用。

第 4 图　机玄势

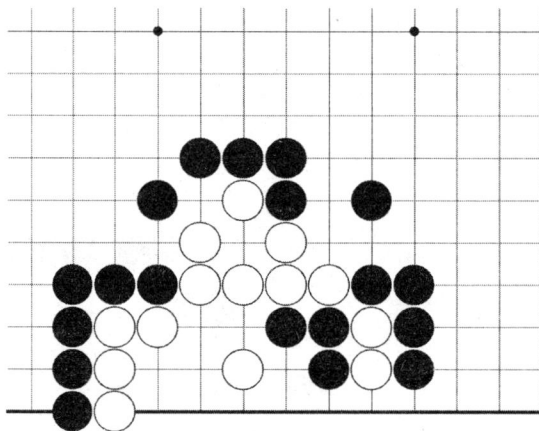

难以揣测的玄妙之图。

第 5 图　采樵势

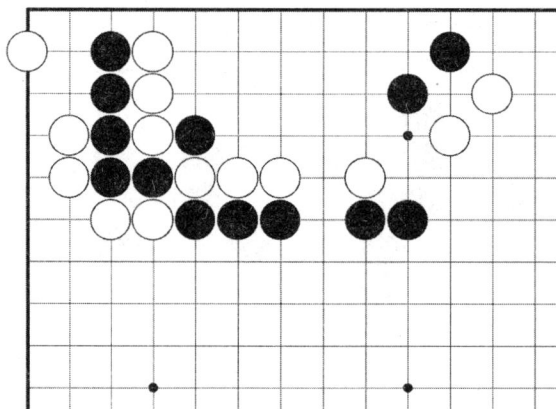

樵夫采樵之势。

第 6 图　八士醉桃源势

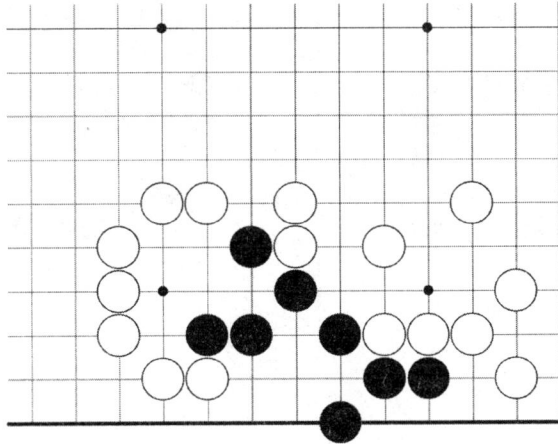

第 7 图　田文度关势

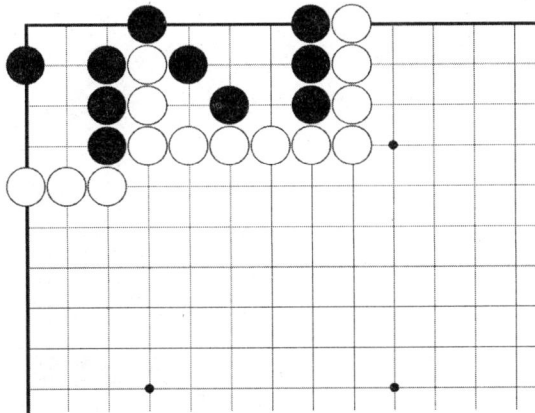

第1图 解

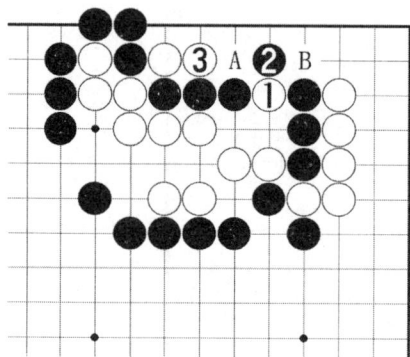

A

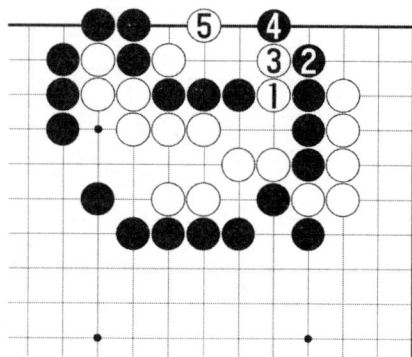

B

（A）白1的挖是急所，黑2的话白3，接下来盯着A位B位两处勒吃，白活。

（B）白1挖，黑2立的话，很复杂。白3，黑4是强手，白5妙招。

第2图 解

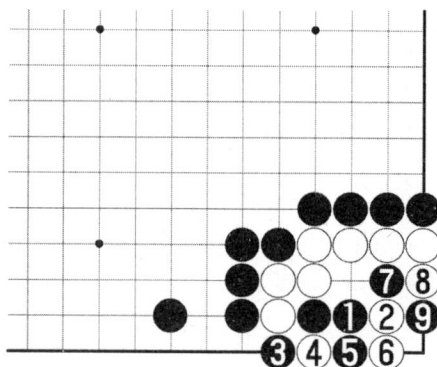

黑9为止，双倒扑，白死。

第 3 图　解

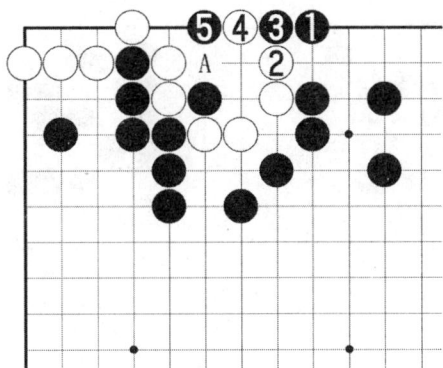

　　黑 1、3 之前在 A 位打的话，自己气紧，失败。蕴涵精妙的死活手筋，是诘棋中的上品。

第 4 图　解

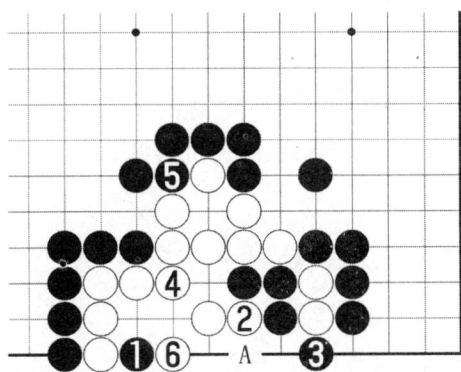

　　这个图形，似乎黑先白也不会死，但对于白棋的死活，黑白双方均有妙手的手顺，变化无穷。

　　黑 1 靠是第一个妙手，接下来的白 2 也是仅此一手。白瞄着 A 位的立，黑 3 只有忍耐，借此利白 4 活棋。

第5图　解

A

B

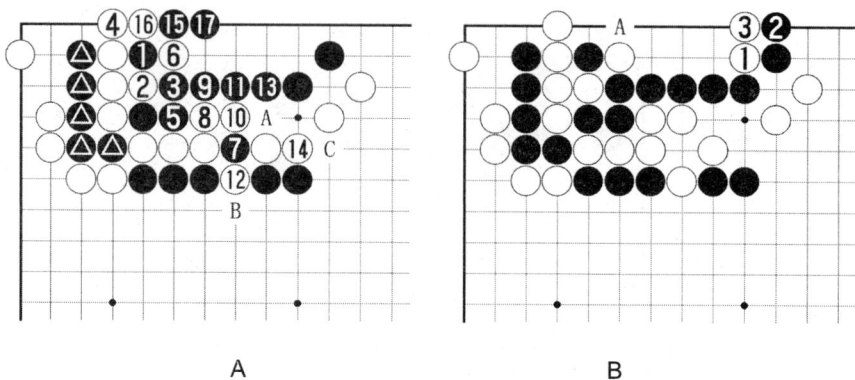

　　这个图，在日本的德川时代就是一个著名的大难题。原本在《玄玄棋经》中也是大难题。不才斗胆解说试试。

　　（A）问题的关键是左方 ⬤ 五子的脱出。黑1至白6一本道。接下来的黑13好手，此手既有图中黑15的后续，又有黑A白7黑B白14黑C的追吃，一箭双雕。黑13一出手，白立刻陷入困境。

　　（B）然而，白有本图的反抗。白1下在了似乎不可能的地方，却是绝妙的一手。这一手将背上的征子味道干净地清除，同时也防止了A位的手段。

　　这一手，有人说原本就是《玄玄棋经》中有失题，但确切与否并不清楚。

　　与白1妙招有同样意味的是黑2辣手，此刻再看，上下的双重狙击又再度生效了。

　　然而白还可以顽强，这就是白3的一手。

　　对于白3，黑已没有了下一手。最终是白棋成功，左上方的黑五子无法逃脱。

　　对于初学者，可能是太难了，但就本来的意义来说，如果能理解 A 位的手段，以及上方征子的连续打吃也就可以了。

第 6 图　解

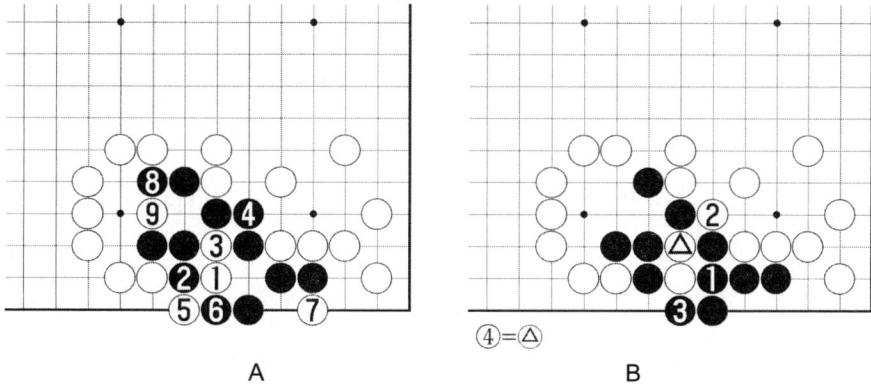

（A）白 1 刺，黑 2 冲只此一手，似乎上下已经各有一眼，但接下来的白 3 突入是绝妙的一手。

若是黑 4 应对的话，则有白 5，因黑气紧，白 9 成立。

（B）于是，黑 1 打吃，白 2 是急所，黑 3 提，△扑是常用的手筋。

第 7 图　解

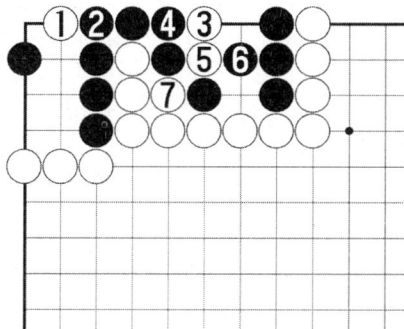

白 1、3、5 绝对的手顺。其他的下法杀不死。

像这样的奇手、妙手，《玄玄棋经》中共收有七十道题，可谓是珠玉满篇。就连在今日围棋如此隆盛的日本，也看不到能与之匹敌的诘棋著作。实在是太厉害了！

虽然没有见到元代的对局谱，但就诘棋所反映出来的元代的技术水准，比起前面我们所接触到的，要高明了很多。

黑 2 下在了天元——刘玄铣·旸禹明

元代明代没能留下更多围棋的记录，与唐宋以及后来的清代相比真是寥寥可数。这局棋，是明末神宗万历年间的对局，收录在日本的林元美所著《烂柯堂棋话》中。我们选择这一谱来对明代的棋风进行研究。烂柯堂是林元美的别名。

万历二十七年（公元 1599 年），日本正值庆长四年，丰臣秀吉没后五年，第二年，便发生了日本史上有名的"关原大战"。

白 1 的挂，自中国古谱以来，寸步未前。也就是说，从中国最早的棋谱——三国时代孙策与吕范的对局（约公元 200 年）以来，凡经 1400 年，起手无变化。

黑 2 直接就占据了天元，与其说是明代的棋风，倒不如说是旸禹明个人棋风的表现吧。日本，比刘、旸局稍晚，德川初期，安井算哲先，对本因坊道策的第一着就下在了天元。这两局在围棋史上，一并被视为异例。

烂柯堂认为："第一着就这样下，无理。"其他诸评也都认为："第一着就下在了天元，不是正当的下法，近乎于自负。"我却不这么看，把第一着下在棋盘对称的中心，天元，对四方持有均力，将来对胜负关键的中原决战的考虑，说成是"近乎于自负"，这种过多掺入感情的评论是毫无根据的。

在此，旸禹明的第二着下在了天元。其实第一着就下在了天元，或者第二着下在天元的这种下法，是非善恶无法确定，但黑2下在天元，接下来的4、6，或者是 A、B 指向中原，与天元遥相呼应，高屋建瓴，这在现在已是常识。

黑14在内侧应，最初下在天元的黑2一子掩面哭泣，14应该在17切断，因为白13是无理手。白15也只有在16位长。

黑20、22均为无理筋，大错。

白23的连扳，看不懂了，应单在24位点，孤立黑6一子，白好。白37是盯着黑气紧的手筋。

无论怎么说，至白57为止，中央的战斗，还是展示了有趣的变化。双方的力量都很大，要是批评的话，还是对棋理理解得欠缺——"已予勿取"。从此也可以看出，明代棋人的水准不高。

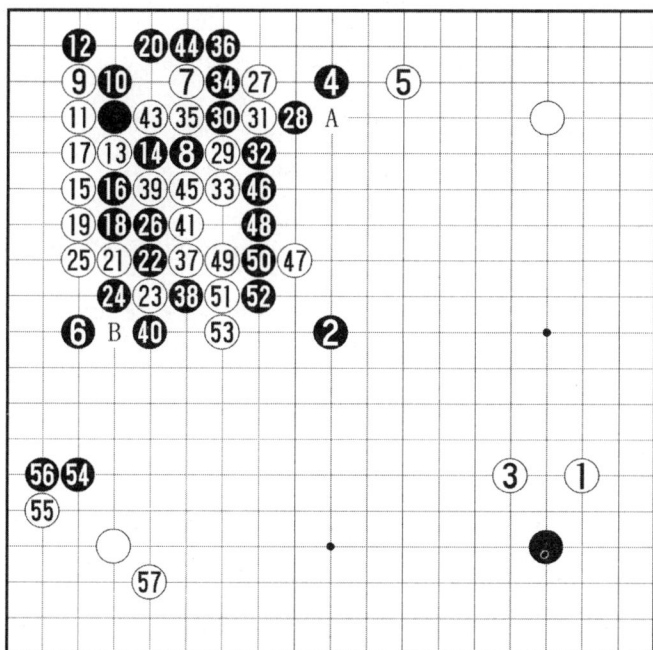

㊷=㉓　　刘玄铣（白先）旸禹明　大明万历二十七年

唐宋盛极的围棋，在元明落潮，就是此时水准低下的原因。只有期待清代的再次高潮了吧。

　　下面我们将本局与此后大约晚五十年，收录在《适情录》中的日本僧人虚中的对局加以比较。就对棋理理解而言，刘、旸要差了许多。

日本僧人虚中的棋技

　　日本与中国的围棋交流，可以追溯到遣唐使时代。对比中国的明代（1368—1644），此时的日本已经结束了镰仓幕府时代，进入了室町时代末期。那时，有一个名叫虚中的日本僧人渡海前往中国，他强大的棋力，中国方面也有记录可稽。

　　虚中亦有围棋著述，在故去之后，其友人以虚中的著述为蓝本，出版了《适情录》，序文中写道：

　　"弘治间，日本僧人虚中者来朝，止于杭。博学而文，且善弈。尝著《决胜图》二卷……盖亦得弈之三昧者也。"

　　序文的末尾为"《适情录》叙，永嘉林应龙著"的字样。

　　虚中此人，日本史书上似乎并无记载。弘治年间（1488—1505），日本正值战国时代的前半，为躲避纷纷乱世，渡海中国，持棋技而悠悠自适，并且奉明廷之命迁往风光明媚的浙江杭州，得以更加亲近围棋，真是愉快的话题。

　　当时，日本对外贸易的主要对象当然是中国，日本京都五山的僧人们由于习学佛典，中文修养极深，读、写都不成问题，两国的外交事务都需借重他们，或许虚中也正是这些僧人中的一员吧。

　　虚中逆着中国唐代鉴真和尚的轨迹，西去中国交流棋艺，为两国围棋史留下一笔难得的记录。从这一小小花絮当中，我们也可以推断出来，围棋在明代是很受优遇的。

我在这里将虚中的棋谱呈献给各位，与中国的三国时代的棋谱（1800 年前），唐代（1000—1300 年前）的棋谱，还有宋徽宗时代（公元 1101 年）对局谱不同，虚中的棋谱距今仅仅 400 年。在日本，那正是初代本因坊算砂日海上人（1558—1623），日本围棋的摇篮期。日本围棋最早的年代可以追溯到"大化改新"以前。但是，只有等到日本真正的一代围棋宗师，现仍眠寂在京都东山附近、日莲宗寂光寺塔头之中的高僧——本因坊日海的出现，只有到了他（日海）那个时代，真正意义上的日本围棋历史才算开始了①。

日海先后从侍织田信长、丰臣秀吉、德川家康三代，他被称为"名人"，正是信长见日海棋力非凡而赐予的称号。

大致说来，虚中与日海也可算做同时代的人。日本围棋界自日海的出现，遂一举打破了日本史书上关于围棋文字记载的沉寂。

从日中围棋交流的视角看来，虚中这一棋人又有着特别的意义。

从《适情录》看明代棋风

《适情录》并非是虚中个人的对局集，而是集当时中国围棋之所有，中国围棋的技巧与手段等的全面展示。

全书系由正兵部、奇兵部、野防、挑战、守城、伏兵、开疆等类似于兵法的各部所构成。其中没有布局（布置或者布阵）相关的项目，这正是"中国流"还没有育成那种概念的缘故。

所谓"布置"，就是事先在对角线的星位各放置两子，然后再

---

①日本高僧的遗骨通常放在他主持的寺院的佛塔之中。

开始下棋。这种事先的配置妨碍了布局、布置、布阵以及子效等战法的育成。

正兵部　第1局

第一谱

1. 与之前登载的中国古谱一样，事先在对角线的星位各放置两子，然后再开始下棋。

2. 与之前登载的中国古谱一样，边上的展开，是以三线的拆二为基础。

3. 对角部的星，都是以小飞挂，与现在日本的下法没有不同。

4. 角部的星是以大飞展开。

5. 右下角的白23、25是手筋。

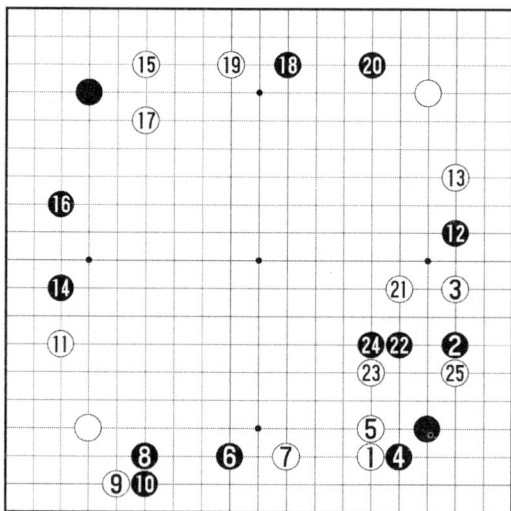

正兵部　第1局
第一谱　1—25

全局的进程中，最初的下法与之前六朝时代或者唐代比较，并没有大的变化。

第二谱

右下角黑 26 以下手段不当，黑损。

白 29 先断是形。

黑在下 50 之前，瞄着 A 位的立在 48 位点为先手利。白无法脱先。

这第 1 局，白黑双方的实力相差很大。

此外，左上角的折冲也是黑损。

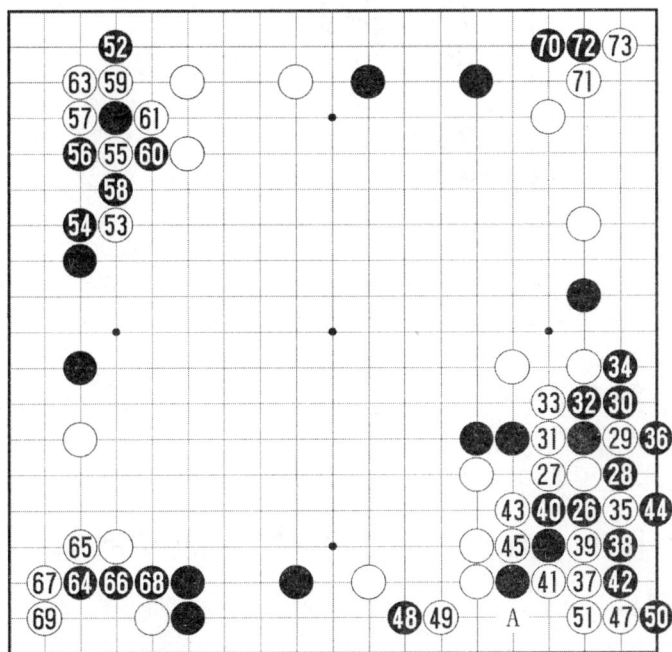

第二谱　26—73

46=35　62=55

假设白棋就是虚中的话，那么与之后五十年左右出现的本因坊算砂，技术上似不分上下。足立末期的"应仁之乱"后，进入战国时代。当时，京都的僧侣、公卿的棋力已经达到相当高的水准。初代本因坊算砂的弟子中村道硕，他的棋谱留存至今，堪称名人之技，日本当时的水准已是相当了得。

再回到谱中。

白 53 得利，接下来的白 55、57 是形。黑 56 中计，此手其实应该如**参考图 1**，在 4 位的急所冲，接下来黑 6、8 是手顺，A 位的断将十分严厉。

之后，左下角的变化，对黑 64、66，白 67、69 的应法令人不解。

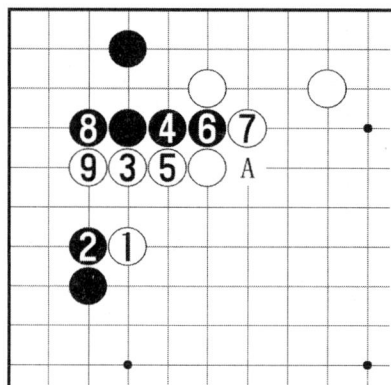

参考图 1

正兵部　第 2 局

下边，对于黑 12 分投，白 13 从狭窄的一方逼，是当时的定式。以今日的眼光看来，右方已有白 1、白 9，再加上白 11，白 13 太过重复，恶手。

如果是现代棋手面对黑 12，当然是从左边的 A 位或者 14 位逼过来。

左上角的变化十分有趣。白 33 断后再在 35 位滚打的下法看似效率很高，但是略显薄味，将来黑有 B 位点的手段。

白 33 该去寻劫，或者暂时放下劫争而他投。一旦劫材有利，白此处的下一手就不是在 33 位，而是在 39 位切断了。对于黑而

言，这无异于怀抱着一枚定时炸弹，不知何时就会爆炸，白还是
应该这样进行吧。

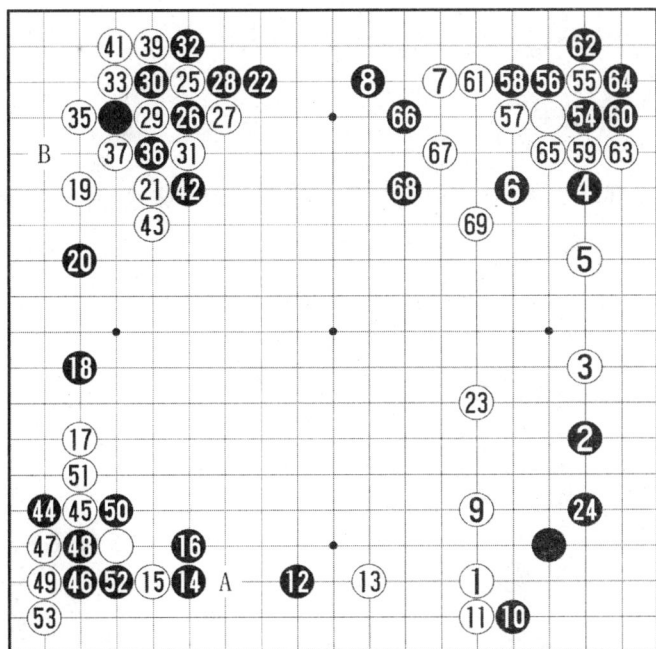

㉞=㉖　㊳=㉙　㊵=㉕　　正兵部　第2局

黑42与白43交换，不得已。

左下角黑44的打入，是早在唐代以前就有的手段，在这里介
绍给各位，兴味盎然。

右上角黑54、56的扭断当然，接下来的黑58又是强力的好
手。此处的下法是在之前黑6一间跳时就已经埋下了伏笔，的确
是好手筋。

此外，正兵部中还有很多对局，其中有很多值得玩味的技术
手段。这些究竟是虚中的创作，还是真的取材于实战，已经不得
而知，恐怕是兼而有之吧。总之很多应该都是当时接近定式的下
法。考虑到明代的中国围棋在形态上与唐宋相比并没有多少变化，

或者是采用了古谱的构形也未可知。

奇兵部 第1图

白11扳是有趣的手筋，白21的夹击严厉，毫无疑问是白好。

奇兵部 第2图

黑12强手。黑18无理。白23将所有味道都干净地清除。

此外，奇兵部之中还收有唐代王积薪的"一子解双征图"，以及宋代的《忘忧清乐集》中的一些内容等等。

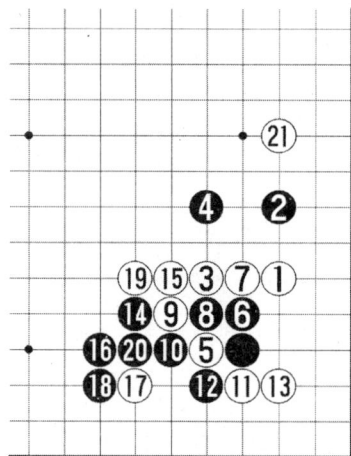

第1图

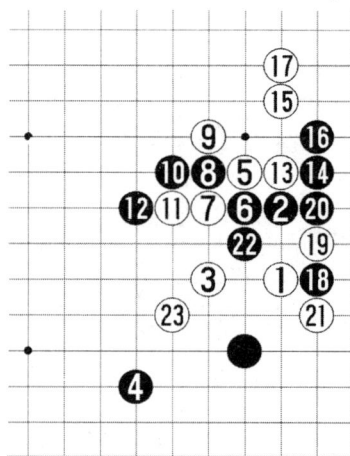

第2图

样式变革的意义

有关围棋中国样式与日本样式的不同，在第一章已经详细说明。问题在于，中国样式与日本样式的不同到底是从什么时候开始的，却未必弄得清楚。

关于这一点，吴清源的友人，美国哈佛大学的教授杨联升，在他的信函中这样写道："现在的日本样式可能就是中国古代样式，而生出变化，应该是在中国的明朝。"

对于杨联升的这种看法，我认为一半正确，一半错误。我认为："中国围棋古样式（夏殷周直至汉魏，都是 17 路盘围棋）其实又与现在的样式不同，它是自秦汉以后，伴随着诸制度以及天文历的改革，才发展成了 19 路盘。到了明代，再次发生变革，成为中国围棋现在的样式。"

我的这种看法，还不能算是对围棋中国样式与日本样式不同的具体的解释说明，只是假设。自秦汉以后，围棋由 17 路盘改成了 19 路盘样式，这已是定论，而围棋中国样式与日本样式的不同，到底是何时，又是怎样发生的，现在仍然不明。只有期待将来的研究。

此外，还有一种可能性，即如杨联升所说，在明代的政治意志——对中华身份再确认的"复古主义"浪潮的影响之下，当时已经和今日日本样式类似的中国围棋向旧的方向进行了复古。

中国样式的计算与日本样式的计算，在对局谱中是很难看出来有什么不同的，但从局后胜负的数据中立刻就明白了。正如我在前面已经提到的，中国样式必然出现半子之差的胜负结果，而日本样式胜负的结果则必然是整数。

杨联升所说的围棋在明代的变化，应该是指唐宋代的对局谱，还有晋代有名的"烂柯图"都是黑胜一路，并无半子一说。

而且，前面所列举唐代阎景实与顾师言的对局，还有贾玄与杨希粲的对局，胜负的结果都是整数值。接下来的宋代也是同样。以下元明的对局谱，笔者所知不详，只是到了清代，诸名棋手如黄月天、施襄夏的时代，胜负的结果已经出现了半子。

明代的日本棋

鸟瞰唐宋代至清代的中国围棋，可以感到，到了最后的清代，局部的技术确实有了很大的进步。但开局子力的分布，不能不说旧态依然，毫无进展。

在这一点上，将彼时的中国围棋与现在的日本围棋相比，因时代的不同也许过于牵强附会，所以我们选择与中国同时代的日本围棋作为参照对象。

日本与唐宋同时代对应的是奈良时代和平安时代，彼时虽然日本已经有了围棋，但是见诸文献记载的围棋谱却是无从考究。

说起日本的古围棋谱，据说有镰仓时代僧人日莲与弟子日朗的对局，但因对局者的年代等因素都颇有疑点，要当做史实予以确认，未免有些孟浪了。从日莲的时代——即镰仓、北条幕府时代，经北条、足立时代，再到战国时代，几乎根本就没有真正可靠的对局谱流传下来。

本因坊家的元祖算砂日海在织田信长、丰臣秀吉的时代出现在历史舞台上，当时已经是战国的末期了，根据文献记载，日本的围棋是以东国武人①和京都的本因坊为两支源流。而到了后来的德川时代，才迎来了名人上手辈出的盛世。

特别选择的这两局古谱中的第一谱，就是日本史上著名的"本能寺之变"②前夜的对局。将此局与之前所登载的中国唐宋以后的对局谱相比较，棋力可说是强弱立判。更重要的是，两种思维方式完全是属于两个不同的空间。

---

①日本关东地区的武士。
②织田信长部将明智光秀叛乱，包围并火焚了信长驻节的本能寺，信长死难。

以下让我们来看看都有哪些具体的发现：

1. "中国流"，自唐宋及中间的若干中断时期以下，直至清代，风格并没有什么本质的变化。

2. 中国对局前各置两枚座子的方法一千年来始终不变。

3. 虽然年代不详，但日本围棋从中国传来当是事实。中国千年来始终保持座子的习惯，而日本在算砂、利贤局的时代已经取消了座子。

4. 比算砂、利贤局大约早二十年的武田信玄与高坂弹正的对局，以及真田昌幸与信幸父子的对局，双方依然占据对角的星位而布阵，可见还没有从中国风中完全蜕变出来。

5. 可以明确地断定，天正十年（1582 年）算砂、利贤的对局，与永禄时代（1558—1569）相比，已发生了本质的变化。

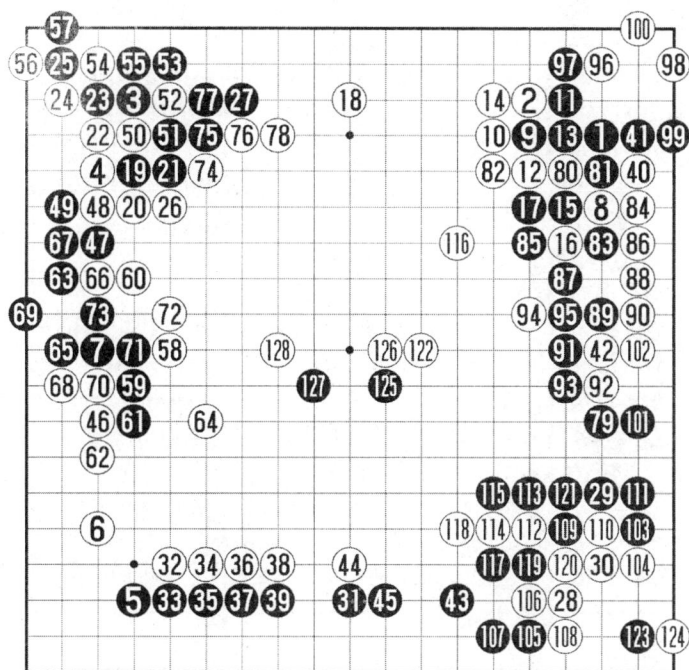

第一世本因坊算砂　鹿盐利贤〔先〕天正十年六月朔
于京都本能寺织田信长公御前

　　仅仅二十年的岁月，后者便从前者完全脱壳而出貌似不甚可能。推想起来，永禄年间的对局是在日本关东周边地区武士间进行的，与关西的京都之间存有巨大的差异，只能是地域的因素使然。这一点至今尚没有人明确指出，有待于进一步的论证。

　　如谱所示，真田父子的对局，在局部战斗中呈现出相当强的力量，技术水准绝非低下，但两局的序盘已发生了本质的变化。与前面所提到的清代与中国古代序盘下法没有变化相比较而言，我对日本的这种变化抱有极大的兴趣。

　　本书的要旨是"中国的围棋"，在这里本不应更多论及日本战国时代围棋的变化，揭示于此，乃是为了帮助各位从中国围棋基本手法历来从无变化的这一点更好地理解中国围棋的本质。

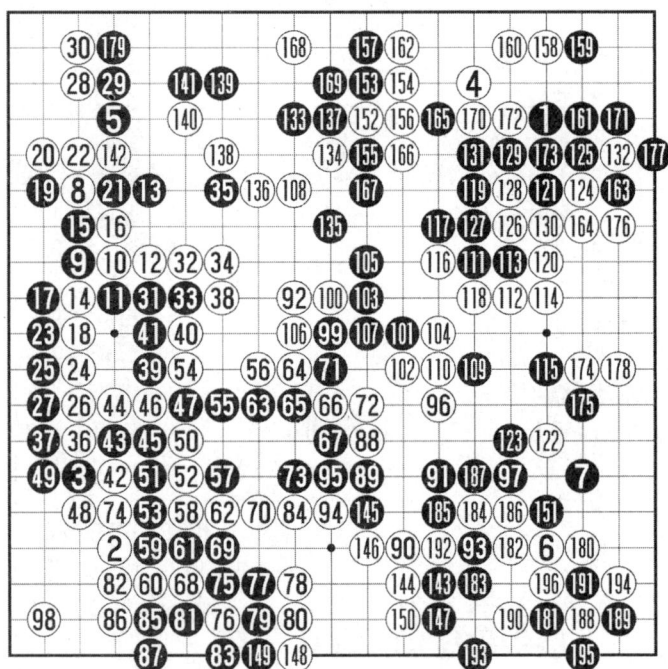

（胜）真田昌幸　信幸（先）　永禄四年　于信州上田城中

第七章
棋风的变迁·清

技术显著地发展

清代是从 1662 年到 1912 年[①]，此后就揭开了近代史的篇章。

经历了唐代的繁盛到元代不毛的沉沦，当我看到清代这些对局谱的时候，在我眼前展现的是无可比拟的百花怒放的景象。

已经过去的唐末至宋，唐代名手顾师言、贾玄，出类拔萃的棋圣刘仲甫，还有王珏、孙侁、郭范、李百祥、晋士明等强豪在北宋的首都东京开封角逐的情况，《忘忧清乐集》中都有明确的记载，只是在局部战斗的手筋这一点上是拔卓的，但在全局方面，那种使人耳目一新的发展契机尚未出现。

关于这一点，我认为是由特定的中国文化所决定的。具体而言，即长期居于统治地位的官僚集团在文化上所呈现出的保守性格，一切都唯至高无上的皇权马首是瞻，这种文化性格是贯穿了

---

①中日史学界对中国朝代的划分方法不尽相同，清（1616—1911）。

整个元明清诸朝代的。

虽然有这样的背景解读，但是通观中国的对局谱，多少年来，四角的星位黑白各两个座子仍是旧态依然，总归让人有不可思议之感。

事先配置座子，在中国最早的棋谱，即三国时代"吴"的孙策与吕范的对局（大约在后汉建安年间，公元200年左右）中即是如此，一直延续没有变化。与现代日本第一手自由自在的习惯相比较来看，这种事先配置似与围棋本身无关，就更加的不可思议了。

总而言之，现在只能说是旧时代的习惯，直至不久前还一直在传承着。

如果要更加深入地探讨这个话题，就必须走进中国历史性格的深处了，也非笔者的本意，还是回到清代的对局谱当中，虽然四角配置的座子不变，但是在这囵囵之中育成的技术，确实已经有了明显的发展，也让人对未来有了更多期待。

清代拔群的国手，首推黄月天、徐星友，此外还有程兰如、张吕陈、范西屏、施襄夏等诸多棋士。以下将列举几局他们的棋。

正巧日本幕府末期的林元美（八段）所著的《棋经精妙》里收录了黄月天、徐星友、范西屏等的对局。

林元美其人，生活在安永、文久①年间。出身于德川时代围棋家元四家（本因坊、井上、安井、林）体系。号烂柯堂，学问造诣深邃，除了《棋经精妙》之外，还著有《烂柯堂棋话》等书。

林元美著书之外，还是作为棋士而存在。

---

①安永为江户中后期后桃园天皇、光格天皇年号，文久为江户末期孝明天皇年号。

令人惊叹的精确计算——程兰如·徐星友

第一谱

唐宋以来，白先的惯例仍未有改变。

最初的着手还是以三线二间拆为主的一种组合，一如当年。

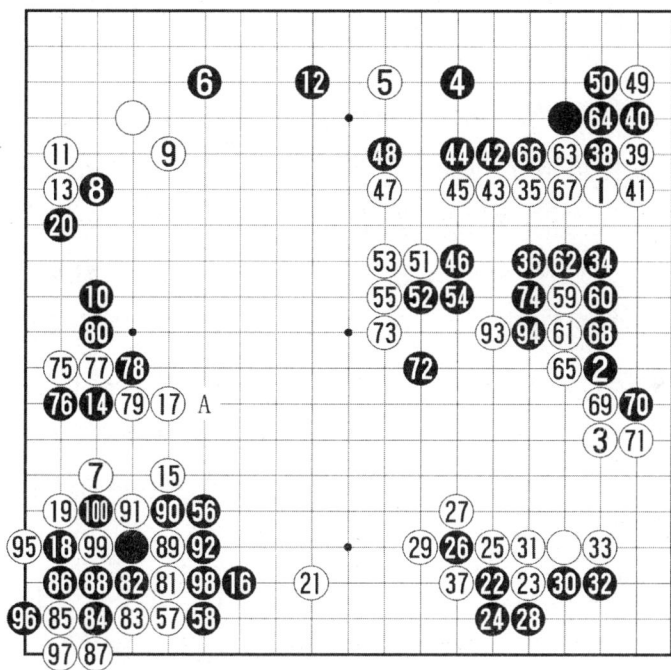

程兰如·徐星友

第一谱　1—100

林元美："大清风皆为座子白先，姓名列前者先行。"

但是中盘以降，其计算之精确令人惊叹。与现在中国的陈祖德、王汝南等棋手的棋力相差无几。

只是开局最初的子力配置方面却实在不敢恭维，这方面的难题，就是现今的日本一流高手也弄不明白，更不必说清代的中国棋士了。

推敲起来，棋局最初的着手一直未能脱却过去的形态，其实也隐藏着深层次的问题。一直沿用那种价值不明的定型，不能从旧的桎梏中脱壳出来，已经是人的世界观的问题，也就是思想问题了。一再重复旧定型，可以是某种意义上的形式主义，用现代语言来说，叫做保守的教条主义。

清代已经进入了近代，近代世界，社会各端都在全面大发展，但缺乏造反有理反叛精神的中国文化，与西欧文艺复兴之下的形态迥然不同，这是值得注意的要点。

清代盛行的是考证学，大家都将精力投入到力求精密的古典考证之中，一头扎进这学问的世界，而之外的事情便也都顾及不上了。

如谱所示，两位对局者有着如此高超的技术水平，但是却不能在最初的出发点上起步飞跃，令我无论如何都觉得不可思议，这也正是现代中国围棋落后的重要原因。突破这种旧有套路的束缚，表现出追求精神的，我认为应该首推本书后面将要提及的聂卫平选手。在我看来，聂选手并不是说一定就比陈祖德、王汝南更为优秀，只是作为新时代的突破点和前哨，他的确值得中国棋界寄予更多期待。

让我们回到棋谱，右下角，白 27 以下，黑 28、白 29 直至白 33，是有趣的变化。白 37 拔一子是力量大的下法。

黑 56 为防守左下角，右边则不得不承受白凶狠的攻击。

黑 70 与白 71 的交换很有意义。如**参考图**，一旦出现这种变化，黑局部连一只眼也没有，黑 70 与白 71 的交换之后，已经在右边确保了一个眼位。

前面白 37 的拔，是做好在右边全力作战的前哨准备。程兰如的棋艺非凡俗之类。

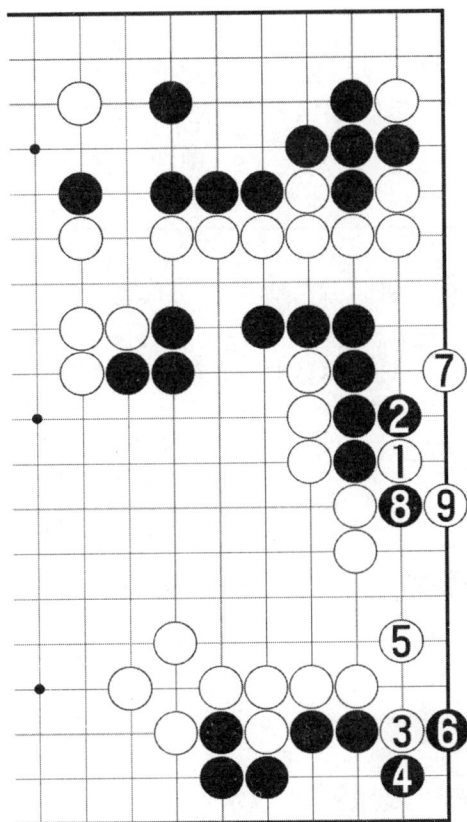

参考图

黑72、74后，完全成为活形，但从后面的谱中可以看到，在被辛辣的搜刮之中，黑欲哭无泪。在对右边黑的攻击之中，白获取了无限的劫材，利用这些劫材对左下角展开攻击。

白75是常用的手筋，严厉。

再回到左下角，白89冲断，黑92是不可省略的。有了A位的利用，白就有了92位冲露骨的手段。右边、左边、右下角，现在又到了左下角，在这"卍"字形，全局相关联纵横交错的大混战之中，程氏的力量得到了充分的展现。

左下角是一手劫，黑已经承受不起了。从后面的谱中可以看到，黑只能活数子，败势历然。

第二谱

黑40的尖顶，是瞄着44位的跨，巧妙的手筋。但是白在左下角将黑全部提起，还是太大了，黑已经不可能找到回天之计。

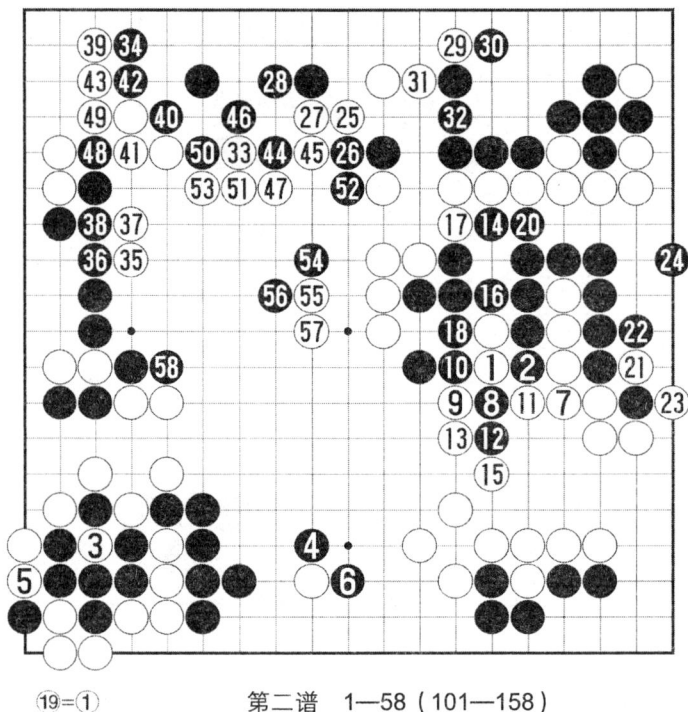

⑲＝① 　　　第二谱　1—58（101—158）

凄绝的力斗——梁魏今·范西屏

第一谱

白1、3双飞燕以下，黑靠压的下法是定式，接下来白7长的时候，日本现代的下法是黑在12位单挡，黑8、白9先行交换引人注目。

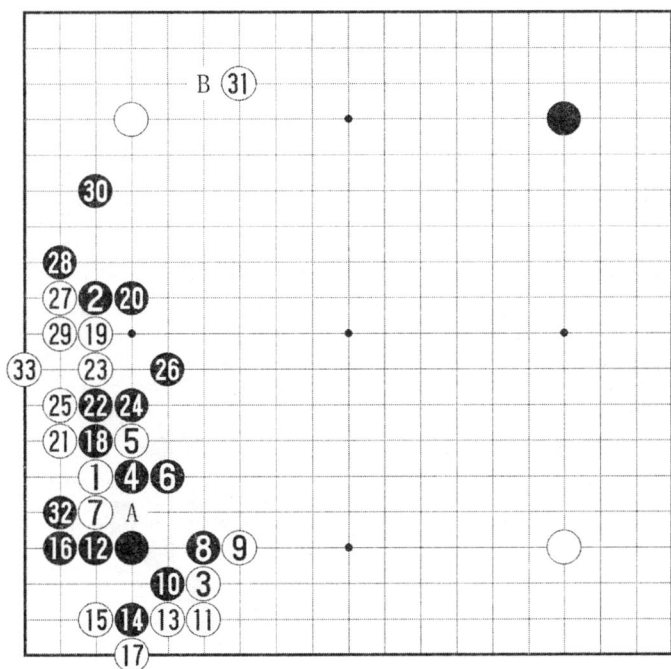

梁魏今·范西屏
第一谱　1—33

林元美："范西屏为清初康熙时人。自康熙以迄乾隆，为清初大繁荣的时代。
范西屏著有《桃花泉弈谱》。大清风皆为座子白先，姓名列前者先行。"

在这之前，我曾听吴清源说过："这种下法是中国的本筋。"所以我的第一感是，本局的手顺是正确的。

十分明显，白 7 长之后，为了防止将来白在 A 位冲断，黑 8 位的下法很自然，厚实。

黑 18 断，白 19 是寻求向上边黑棋借力的下法，或叫做整形的巧妙手筋。拿现在的日本下法来比照的话，是比一般的业余水准略高的着想。十分有趣。

接下来对黑 22，白 23 顶，感觉略有一点重。

黑 24 有中白 23 招的感觉，这一手如**参考图一**，黑 1 拐，吃掉左边白三子为宜。

再回过头来，白 23 应如**参考图二**，白 1 弃子索性再多送一个，接下来白 3 贴出就更为高效。

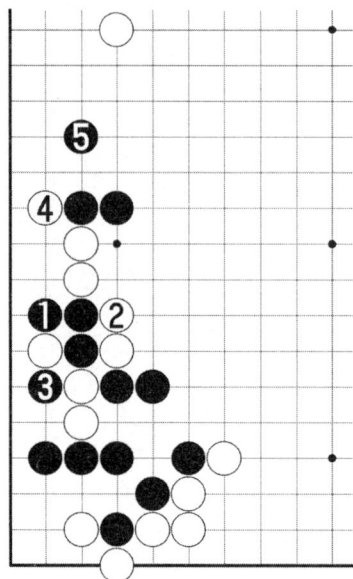 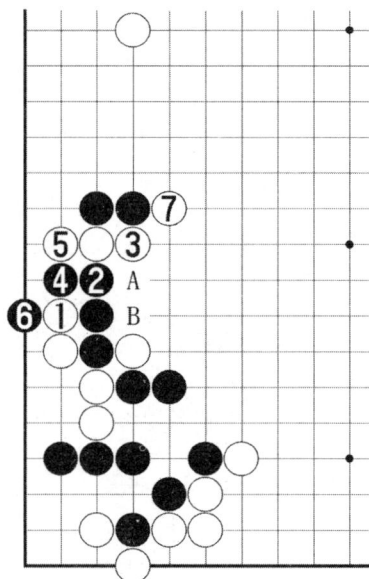

参考图一　　　　　　参考图二

以下至白 7 为止定型，白总有 A、B 位封口的利用。

黑 30 太重，应在 B 位挂。

无法否认，这样的手段都有一些重的感觉，子效虽不高，但在那个旧时代也还算是卓拔的着想了。

我想起来，吴清源年轻时曾说过："中国清代棋手的棋力大致相当于日本七段的水准吧。"本局，中盘以后的力量确实很不错。特别是这盘棋在左边的变化，很值得读者研究。

林元美对清代棋手的评价要比吴清源的评价稍稍低一些。这是基于德川幕府时代狭隘封建性的主观评价，不一定正确。

第二谱

白 35 既已开拆，再加上左边还有 A 位提子的权利，这一块已经基本是活棋。对于这样的棋，现代下棋的人一般都不会再去打它的主意，不过接下来黑 36 的夹，还确实是形的急所。

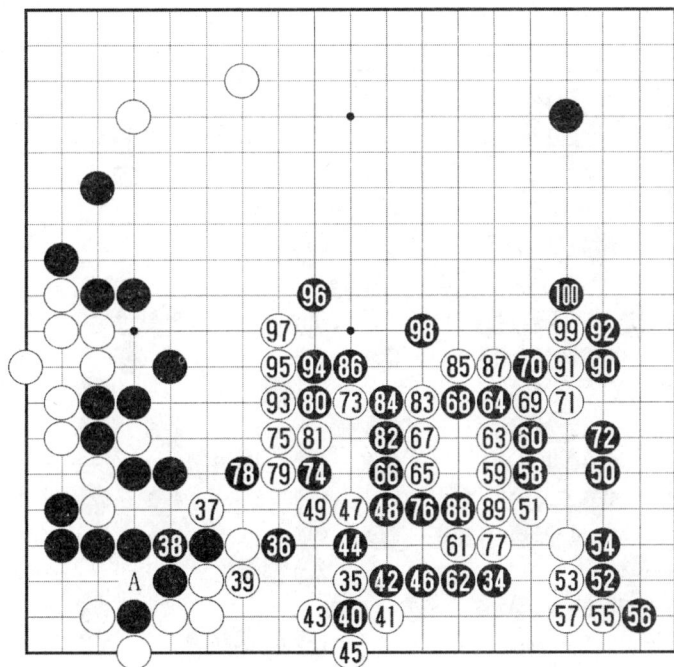

第二谱　34—100

白 37 与黑 38 交换，使得 A 位的提变小，有疑问。此手应单在 39 接，站住脚跟，以静待动。

接下来黑 40 的靠是急所手筋，林元美评价"40 靠，有趣"，我亦有同感。以下黑 42 的扭断当然，是黑 40 的连贯手筋，逼迫白低位行棋，子效低下。黑 50，无论是谁下都是只此一手吧。

到此为止两者的应对，看得出来，对局两者都不是庸俗之辈。

黑 68 夺白的眼形，力量感溢出盘上。

白 69、71 反扑，意在威胁下边黑大龙。

黑 74 是唯一的腾挪手筋。

那时中国的棋，其计算之精准真是令人赞叹，即便现在看来也不能不击节称赞。

115

第三谱

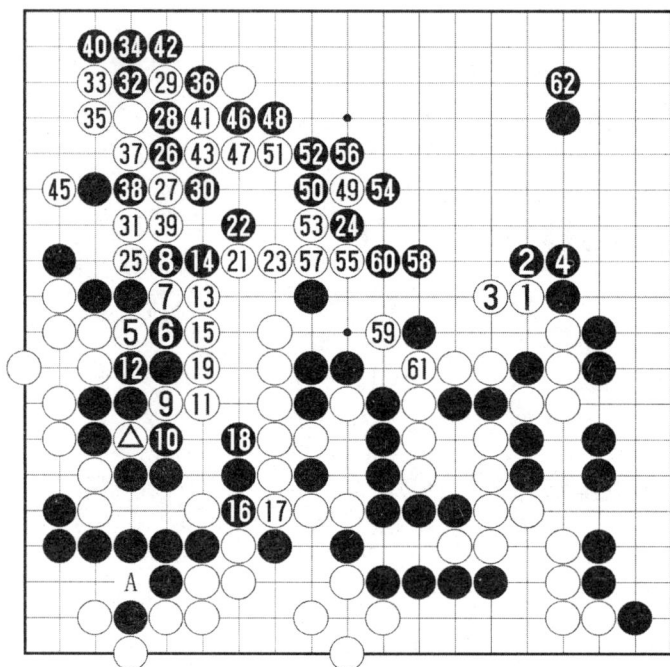

20＝△　44＝29　　　第三谱　1—62（101—162）

对于白 25 的断，黑 26 以下转换技巧精湛。

左边的激战，不容有丝毫松懈。白在各处都拼尽全力作战，但却没有实地。

所以，白 25 的断，是冲击黑薄味最后的决战。

对此，执黑的范西屏已做好了充分准备。

白 49 靠，观战者亦感毛骨悚然。就这一手，下边的黑全军被屠。但是黑 62 在右上角玉柱，正如神针定海，锁定了胜局。黑的地域已有一百一十目以上，而白的地域总计不过百目，只得投了。

双方所展示出的那种可怕的迫力，真不愧是"中国流"力斗的名局。

清代名人的棋——周东侯·黄月天

最后，我要在这里介绍清代的国手①黄月天②的棋。本局周执白先行。

第一谱

白1，黑2大飞应，是三国以来千年不变的下法。并且，白1、3三线的二间拆同样是传统的下法。

清代是产业及文化大繁荣的时代，但文化的方向并不是朝着关心新生事物的方向，而是对于古典正宗的彻底考证更感兴趣。文化仍然是为中国历代一致的权力政治意志所左右。

就连围棋也是如此，虽然有为数众多的名手英才，却没有人向千年传统造反的。

本谱，各角边的下法仍袭传统，可以看做当时的定式。

最初的接触战是从左下角开始的。林元美有"黑16，有趣"的评注。日本现在的定式是，黑16在22位打，白若是23位接，黑再16位下立。黑单走16位，会让点三三的威力变大，元美说此手有趣，便是因为这一点。

黑20点，白21无奈。所有的任务都完成之后，黑22再打。

白25、27是有趣的手段。

白35撑得很满。

白45时，黑46应在这里是场合的手筋，此手的理由是左下

---

①即名人之意味。
②即黄龙士。

已经定型，双方在下方均无棋可下。出于同样的道理，白47的接或许还不如在48位长更好吧。

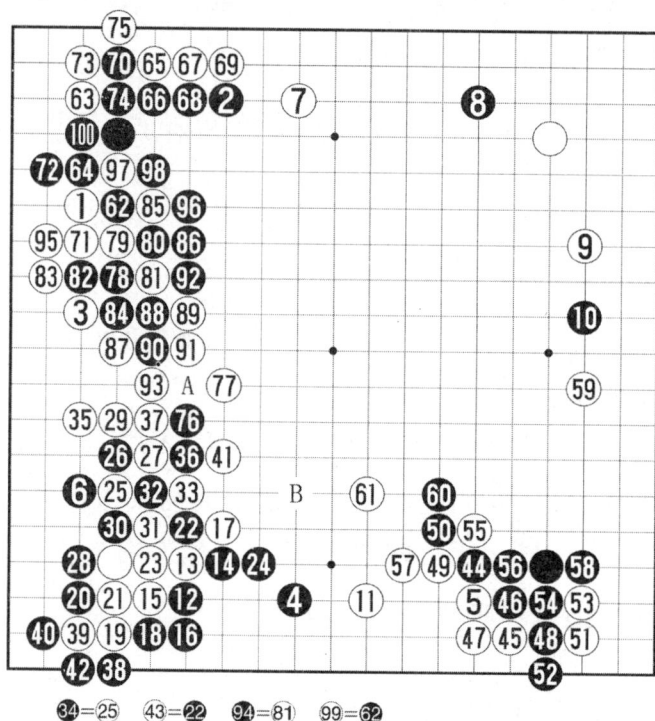

周东侯（白先）黄月天

第一谱　1—100

黑62靠，白63立即三三打入，可以看出对棋理的理解，不是单纯的力斗之人。黑76的长出具有卓拔的着想。白77并非误算。

白77罩住黑，黑78以下瞄着此处的利用寻求战机，策应将来在A位动出的可能。

以下是令人窒息的激战。黑76与白77的交换之后，黑两子有两气，黑攻击下边白棋的时候，有机会还可以下到B位，以收一石二鸟之功效。这样的手段真不愧于"国手"称号。

第二谱

蓄谋已久的黑 14，终于动手了。白 15、17 不可省略。

黑 20 如下在 A 位，因有黑 18 的策应，可先手夺眼。

白 25 显示可怕的迫力。白 35 功罪无法评述，只此一手吧。

黑 36，白 37 无奈。37 如在 38 位接的话，黑 B 位压之后有 C 位的冲出，结果白下边被吃。不必说，这一切正是因为●两子有两气的原因。

白 39 的刺严厉。

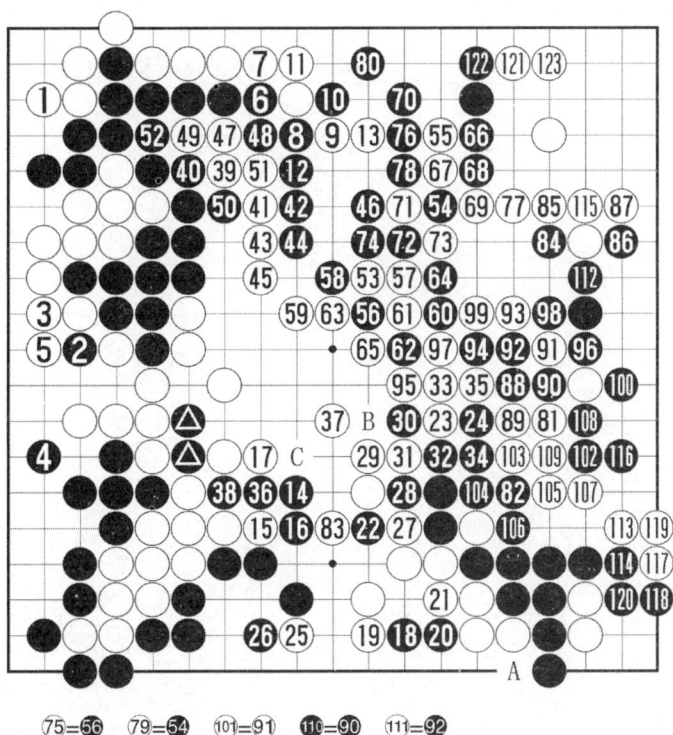

75=56　79=54　101=91　110=90　111=92

第二谱　1—123（101—223）共 223 手　黑胜

林元美评论说："黑 56，妙手。"黑 56 确实是出其不意的一击。接下来的黑 60 也是形，并且，黑 70、72、74 次序井然，一气呵成，整体灿然生辉。

黑 80 漂亮地渡过。

黑 90 的顶也是迫力满点。

这里所列举清代的对局，只有胜负，而无法准确计算胜负的目数。

林元美在其《棋经精妙》第四卷的卷首中曾写道："一子、半子、一子半等等胜负的结果，相当于吾邦的多少目，各说不过是推量而已，未能详确。曾向长崎港来船之清人详问未果。"学问造诣如此深邃的林元美尚如此说，可见当时即便是专家，对中国式的计算也只是不甚了了。

原谱几子半的结果曾记录在案，林元美对其不甚清楚，因此只记下胜负。

第八章
棋风的变迁·现代

中国社会主义体制下的围棋

自 1960 年开始，伴随着日中围棋交流的不断进展，中国的围棋实力也是不断地进步，现在已经取得了接近日本的战绩，这已是众所周知的事情了。

比起两国胜负的结果，我更关心的是，社会主义的新中国开创了世界史上的一个新纪元，而在这样一个大环境中，中国围棋会有什么样的发展和变化呢？

围棋与社会主义体制看似不相关联，其实并非如此。顾名思义，社会主义体制是全国人民的体制，其政治、经济、文化也不能脱离一般人类社会发展的规律。这是社会主义也不能例外的一般真理。不过与此同时，这样一种独特的存在之下，自然也有其特殊的地方。

围棋是文化的一部分，中国围棋在社会主义的这块土地上会生长出什么样的果实呢？日中围棋交流以来，两国选手相互访问。

在交流与比赛期间，我对社会主义体制下中国围棋的发展更抱有极大的兴趣，如促进围棋发展的方法，以及技术方面的进展与变化。

技术方面，双方的战绩是最有说服力的。在 1960 年日中对局共 35 局中，日本曾经获得 32 胜 2 败 1 和的成绩，简直是压倒性的胜利。现在的日中战绩则已经大致有了互相抗衡的意味。中国方面惊人的跃进确是事实，与西欧国家同期取得的进展相比就更是令人惊诧了。

同时，二十年的岁月过去了，邻国韩国的实力也是长足进展，其最高水准已接近日本的最高水准。从这个角度说来，对中国方面同期内所取得的进步倒也不必过分惊讶。那些交流开始时出生的日本孩子，现在都已经是十五岁到二十岁的年龄，俯瞰现在的日本职业围棋界，这个年龄的孩子们，他们所取得的实际成绩和段位，无疑都已经超越了他们前辈当年的水平，跻身于一流棋手的行列指日可待了。

不过，中国围棋的这种大跃进，若是拿来与中国的其他领域如科学工业、经济建设、古典传统的针灸医学，以及体育运动等方面的飞速发展相比，应该说还处在一个较低的水准吧。

人类以往一切社会生活智慧的结晶——社会主义社会，围棋是其文化的一部分，似乎不一定就比资本主义社会更加优越。围棋的发展当然首先是围棋自身的问题，但同时也是人类文化领域的重大问题。从这个角度看来，社会主义社会，对于作为文化一部分的围棋的发展来说，是障碍还是顺畅也未可知！

这样过早地下结论也许并不成立。日本围棋历经千年所形成的传统，难道不是同样有积重难返的反论吗？而如果我们去研究现实世界当中棋力飞速进步的少年人的成长，我们就不能不承认，在这过程当中，所谓传统几乎是一种近乎幻象的存在，对于棋力的进步是起不了什么帮助作用的。我们必须虚心地承认，似乎倒是那些对以往的名人高手全都不管不顾的少年，学习进步的速度来得更快。

围棋在近代社会发生和发展的基础，是操控在贵族官僚社会之手的。详细的历史过程在此不再赘言，但这确是事实。到日本的大正年代（1912—1926）为止，围棋的发展只是在官僚、僧侣等社会的上层阶级之中进行。这里虽然没有十分确切的统计数字，但我们完全可以断言，从明治到大正年间，在日本的农村，真正的农民下围棋的微乎其微，只有在地主阶级当中才有成规模的围棋爱好者。

如果非要说围棋传统，今天隆盛的日本围棋界，其实仍然残留着浓重的保守倾向的阴影，难以摆脱。换言之，所谓传统一旦形成，倒反而有可能阻碍围棋向前发展。

我们观察那些棋力强大的少年群体时会发现，在为世人赞颂的天才少年当中，没有人是因为牢记教条才得以上达的。事实恰好相反。尽管现实是如此严酷，却仍然是那样地向往着自由的天地，向权威进行挑战，这就是少年们纯真的思考。他们把握自己的围棋机缘不断进步，同时也让人感觉到从他们中间爆发出来的那种可怕的力量。

白驹过隙，对于很快就会变成老年的青少年们而言，传统已成为发展的障碍。看看今天生活在大都市尘埃之中的少年们就会明白，谁都无法拒绝这空气中的尘埃。围棋界萌发出来的天才少年的嫩芽渐渐被侵蚀，这就是围棋界的尘埃所造成的。

过去的传统，当然是作为一种教条的框框而存在，尤其是在围棋当中。孩子们讨厌这陈旧的纽带，年轻人更是向往自由不受限制。这是年轻人的特权，有发展前途的人的习性。当然，这么说并不是要全面否定传统的价值。围棋的基本法则，并不仅仅是"四子提一子"，宽广的棋盘之上，不是谁都能随便决定着点在哪里的，所以我们又不得不对传统有所依赖。然而，如果对既定的定式、布局的形过分依赖而被束缚的话，那就不仅仅是局部，而是全局的思维都将受到局限。

比如，中国过去两千年来，孔子的儒教作为国教一直延续着，并已深深浸透在人们的心中。儒教的支配地位，是政权所有者确定下来的，而在之后，孔教自身才开始渐渐传达权力方的意思，与权力方合拍一致。但教义不能仅仅由权力方把控，而必须普及到更多人当中，不然便会有人民造反起义之虞。

儒教主要提倡的是人伦道德说，针对人类种族保存的本能，以及血亲间的爱，人类的弱点，提高全人类的道德水准，所以在人民的这一方也必然引起共鸣。

儒教作为中心的思想在中国延续了两千年，该如何臧否，评判的分水岭恰恰就在于这思想对全民权利的发展设定了怎样的界限。事实上，无论哪个国家的人，都是在体验这种歪曲了的经验。总而言之，数千年之下，要今天的人们去和当年的人们一样地生活，秉持着一样的经验行事，那当然行不通。

日新月异，我们要想尽一切办法，尽可能地使这个历史进程缩短，尽快实现全人民的国家，直至全人类的国家，这是历史的法则。

围棋技术的开发是个重要目标。比如序盘的价值判断，即便是名人上手也很难给以明确的回答，但并不是说因此就可以放置不问。

中国历史上，由于秦汉代新的制度，数学得到长足发展，这里，就以此为例略加说明。汉代刘徽[①]对圆周率π的数值的研究，

---

①中日史学界对中国朝代的划分不尽相同，刘徽是魏晋数学家，中国传统数学理论的奠基者。参见《辞海》缩印体，上海辞书出版社，2010年版，第1175页。

已经接近现代数学微积分的概念了。祖冲之、祖暅[①]父子对π的算定达到了小数点之后 6 位，比西方早了一千年。与中国古代这些独创的发现、发明相比，围棋却显得逊色得多。

围棋发展脉络，大致是产生于殷周至春秋战国期间，在秦和两汉有了长足进步，六朝的晋梁时代继续发展，到了唐代文化鼎盛时期及后来的宋代登上了极点，最后集大成于清代。到此为止的中国围棋局部的感觉卓拔，而且技巧精湛到了极致。但在最开始下棋的时候，对角线上放置座子这一点，始终未能有所突破，实在是不可思议。

或许，事先配置的这四个座子，与宗教的某种神圣的戒律有关，是权力的象征，不允许随意地改变吧。可今天看来，对角线上黑白各两个事先配置的座子，是宗教的戒律也好，是权力方政治意志的体现也罢，都像是反民众的，闪烁着刻薄目光的四只眼睛一样。

现在，中国棋手已经从事先配置的座子中完全解放出来了，自新中国成立，日中围棋交流开始，中国接受了日本的习惯。

日中围棋交流的实现

1960 年，久议未决的日中围棋交流终于开始了。自同年第一次日本围棋代表团访华以来，到今年[②]为止进行了大约十次的比赛交流，其内容已通过报纸介绍给了日本国民，让大家了解了现代中国围棋的实力。

最初，中国棋手还处在学习的阶段。在逐年交流中，实力不断得到积累和加强。1963 年，陈祖德的上场使得日本方面有了一

---

①实为祖暅之，见《辞海》缩印体，上海辞书出版社，2010 年版，第 2567 页。
②1977 年。

种不可轻视的感觉。接着，1975年，新锐聂卫平的健斗给日方造成极大的冲击。从此便卷起了聂旋风。

聂卫平于1973年首次在日本代表团面前展现身姿。1974年，中方访日代表团却没有他。1975年，在与日本代表团的对局当中，击败日方团长高川秀格九段，以5胜1败的成绩，凶猛地刮起了聂旋风。更甚者，1976年来日，对日本棋院、关西棋院、业余豪强共7战，6胜1败，丝毫不留情面地重创日方。1977年日方访华，他5胜2败，仍是雄风不减。

中国，无论是政府还是民间，都把围棋视为重要的文化遗产而给予十分的关心。以1962年的全国比赛为契机，"中国围棋协会"成立了，协会的初代主席由李梦华就任。同年11月，在安徽省合肥举行了中国围棋比赛大会，来自17个省市的94名选手参加了大会，在为期34天的比赛中，展开了激烈地争夺。

大会分两阶段进行，第一阶段从94名选手中选出48名，分成四个组分别循环。循环战中八胜以上者，以及小组成绩最好的第三名，参加第二阶段的决胜循环比赛。

决胜战的成绩，第一名过惕生，第二名陈祖德（18岁），第三名吴淞笙（17岁），第四名董文渊，第五名沈果孙（19岁），第六名金亚贤。这里，特别值得称赞的是，过惕生57岁，还能在年轻人中间夺取冠军。另外，北京的老英雄，70岁的金亚贤取得了第六名，实在是令人钦佩。而陈祖德、吴淞笙、沈果孙这等年轻人现在仍然活跃，并渐有名气了。

第一人聂卫平的研究

聂卫平很强。可是，为什么聂卫平会如此强大呢？二十三岁，方当弱冠之年，还只是中国东北地区黑龙江务农的一个青年。就是这样一个青年，把日本的职业一线棋手像秋风扫落叶一般一一击破。因此，所有人对他有特别地关注也是理所当然的事了。

下面，我就将结合聂卫平的实战，通过对局谱展开对他的研究。

强腕同士的交锋——陈祖德·聂卫平

这是 1975 年 9 月，聂卫平在第 3 届全运会围棋决赛阶段与老对手陈祖德的一局。

中国全国规模的围棋比赛是每年一届，选择在北京、杭州、上海、合肥等中国围棋兴盛的城市举行，1975 年是在北京。这比赛规模之大，远非日本业余锦标赛可比。以中国之大，选拔产生全国各地的代表选手，就要花一个月的时间。1975 年的名次是第一名聂卫平（十战全胜），第二名王汝南（九胜一负），第三名陈祖德（八胜二负），日本所熟悉的陈祖德竟然吃了两败。

本谱，是应日中友好协会的请求，由中国国家体委所赠。

这个时期的著名中国棋手，除了上述三人以外，还有吴淞笙、华以刚、陈志刚、罗建文、黄进先、曹志林，以及新人赵之云、容坚行，女棋手孔祥明、陈慧芳等。大部分棋手都多次来过日本，即便是没有来过日本的，我也是非常熟悉。

这里要特别提到的是，至 1976 年中国围棋代表团来日，他们前后来日交战共七次，我都恭逢盛事。1976 年的访日，中方的总决算成绩第一次领先。

本来，日中围棋的交流是作为日中友好的一环，对于胜负大家并不特别在意。只是日本方面，还是有意无意地扮演着老师的角色。仅就这次的成绩，就认为中国已经超过了日本，比日本强了，我认为是一种误解。

以下，针对中国棋手的思考方法，列举聂卫平的棋谱进行研究。

第一谱　黑 17 的若干疑问

中国棋手，一直是坚持以日本为典范，向日本棋手学习。所有的棋手都切实地在学习日本围棋。右下角的应对是日本现在也用的定型。读者一定也是十分熟悉。

黑 7 是日本藤泽秀行下出来的。如果要评论的话，离白 6 比较接近，是期望力战吧。中国围棋的传统，通观漫长的历史，局部作战是擅长的。陈祖德当然也是一样。

黑 7 的一间高夹，强腕的陈祖德，立即在盘上展开让人窒息的炸裂战。

聂卫平则以白 8 变招轻巧应对。聂卫平与陈祖德等人不同，总是以柔软的姿态行棋，轻易不会崩坏。中国棋手中更为老练的吴淞笙、华以刚也是这种类型。其他棋手大多是继承中国古来的传统，力战型。

在中国，只有聂棋手一人，从布局到中盘战，都熟练地掌握"日本流"的诀窍。

本谱白 16 的长，心情十分愉快。黑 17 是定式，现在的职业棋手也是经常使用。而我的第一感是，黑在这里有若干疑点。也就是说，白 16 的长之后，将来是要下在 A 位的，是瞄着黑气紧的绝好的靠。

即便是白角上的四子被吃，由于白棋的气多，还有相当的利用价值，绝非徒死。

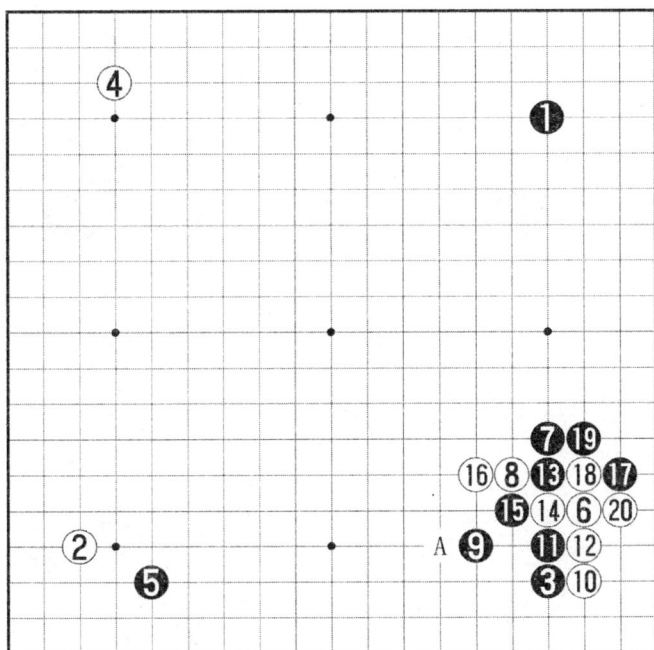

第一谱（1—20）

● 陈祖德　贴 $2\frac{3}{4}$ 子　○ 聂卫平

1975 年全运会围棋赛（于北京）

参考图一中白1、3、5，利用 △ 四子之余味控制黑棋，是中原制霸的绝好机会。

是好是坏，我虽然很难断言，但像参考图一这样的，雄飞于中原一举领先的构想，在中国棋手中，确实是欠缺的。

参考图一的手顺，白1、3之后，白5也可以转向左下角，如**参考图二**，黑1长的时候，白2立即行动，先驰马于左边的处女地。这样的下法，在白方的立场上来说也是十分严厉。

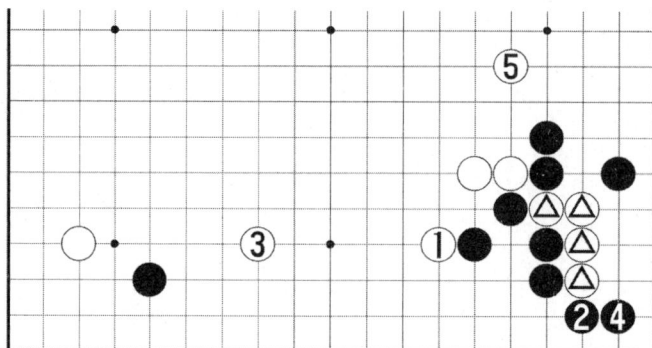

参考图一

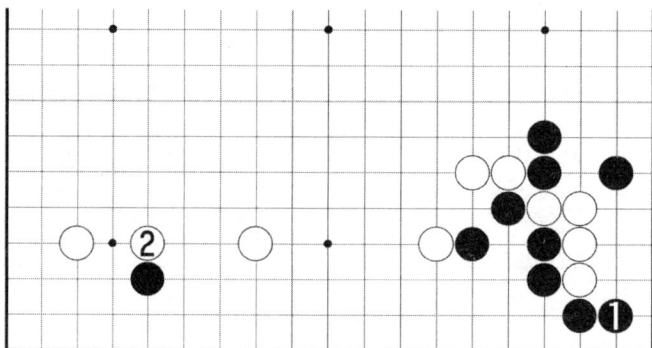

参考图二

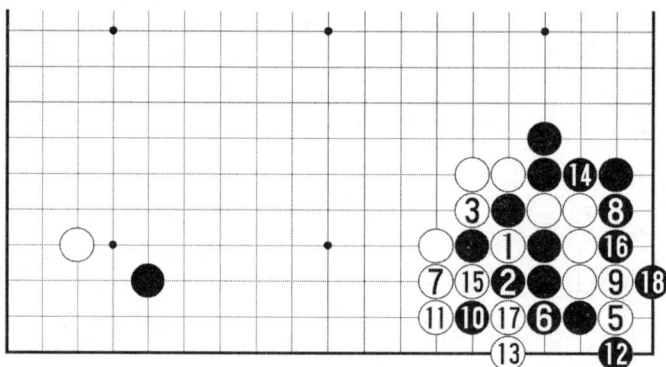

❹=① 参考图三

参考图二中的黑 1 是必要的一手，很难省略。如果轻易脱先，则如**参考图三**，白 1 扑，是紧气的好手顺，以下至白 17 为止，痛快淋漓地将黑封锁。

我们再回到第一谱。白 18 的冲，以及 20 的挡，虽然也是定式，但是，我的第一感这不是好棋，也就是说，白 18 与黑 19 的交换，使得黑外侧的二子得到了几分强化。

第二谱　白 22 的轻妙着想

黑 21 抢到了急所，黑一时得以安心。

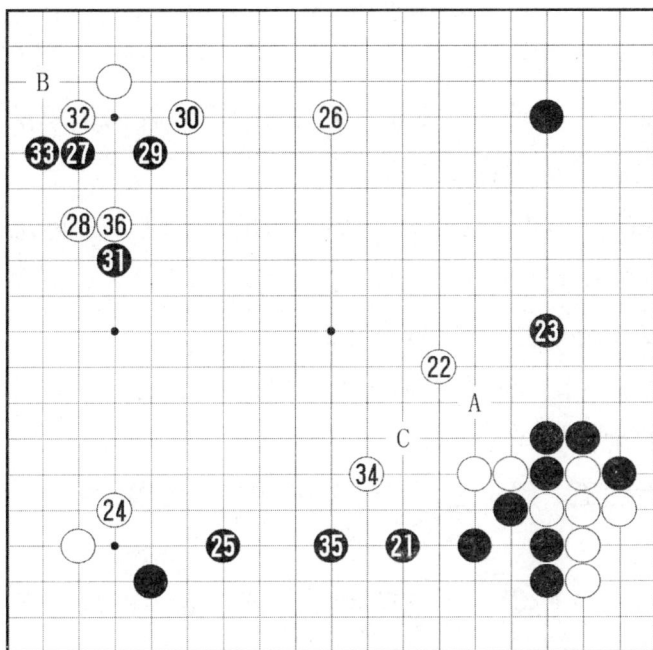

第二谱　（21—36）

在此，聂君的白 22，轻巧躲闪的那种感觉十分有趣。我认为，白 22 究竟怎样下最佳，即便是日本这边也未必能找到准确的答案。白 22 如果在 A 位负重逃出，与黑 23 交换就是典型的俗筋。为什么这样说呢？那是因为黑本来就是要整理右边，白这样正好起到帮忙的作用。当然，实战白 22 当然不能说一点没起到给黑帮忙的作用，可是比直接 A 位跳，确实轻妙了许多。

对于这一手，我的第一感是**参考图四**，总之也是要避开 A 位，下在 1 位。这样黑会下黑 2 吧，然后白 A 位仍然能够走到，就构成了连接紧密的理想棋形，没有后顾之忧了。

这种高等级的步调，对于一般初学者来说是难以理解的。但是为了对聂的下法进行研究，不得不接触这些难以理解的地方，请各位谅解。

途中黑 6 不马上接不行，十分难受，更甚者，⬛是延续战斗的火种，必须保住，但不肯舍弃这一子，将来白在 B 位扳的话，黑就无法在 C 挡了。

所以最终的结论是，本谱的白 22 确实是轻巧拔卓的一手。只是，我个人还是认为白 22 有些重。

黑 25 错误，因为已经有了黑 21，现在，这一带肯定是不急的了。换言之，所下的每一手棋，时时刻刻不能脱离大局的焦点，这样的感觉是中国棋手所普遍缺乏的。

黑 25 这一手，应该先鞭左上，那是着手更少，开拓的可能性更为丰富的地带。

如**参考图五**，黑 1 之后，白 2 在下方攻击⬛，黑继续脱先，于 3 位飞罩。

继而，白 4 将⬛一子吃掉也无所谓，因为本局的焦点是白在中央浮游的⬜这三子。

白在此，一再走出 2、4 以强化势力，但这不过是左下角的局部而已，而由于⬛早已占据急所，这势力对黑而言无关痛痒。

白 24 如愿以偿交换之后，接下来聂君的白 26 以及后续的手段、思路是其他中国棋手所欠缺的。抢占大场，使局面领先，构筑天罗地网等待对手进入，然后给以彻底打击的整体构想，展示在我的眼前。

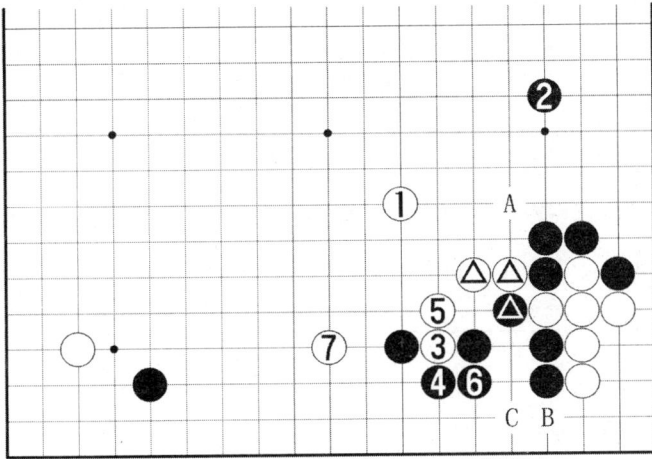

参考图四

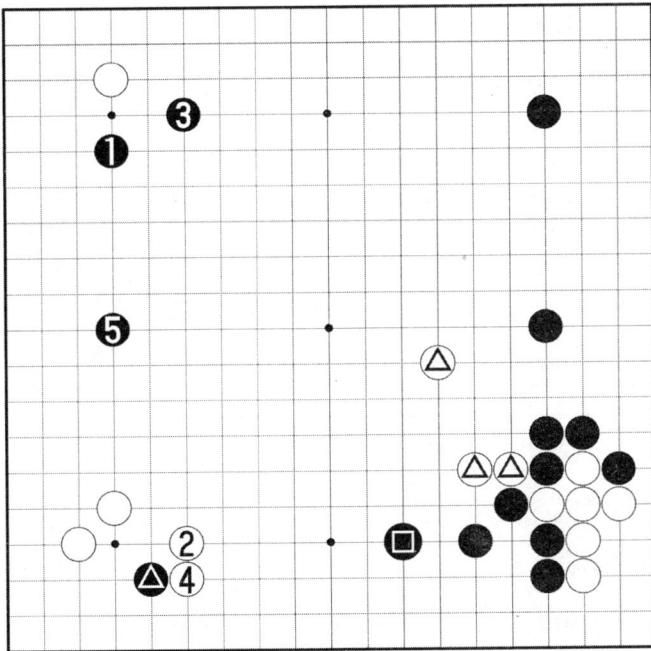

参考图五

　　这种布局的感觉体现出的大局观，对于战斗力强、计算精确、收官也是十分精准的聂君来说，简直是如虎添翼。他一反中国棋

手历来在布局阶段以地为主、无视将来的下法，而是为将来可能
发生的战斗做好精心准备。正是这一长处，使得他在中国棋手中
出类拔萃。

对白 32 的尖顶，黑 33 下立，觊觎将来在 B 位的跳，这也是
定式的一种，但我认，如**参考图六**，黑 1、3 先手处置两下，然后
贯彻▲的意图，以黑 5 彻底抑制白这一子的活动，这才是本筋。

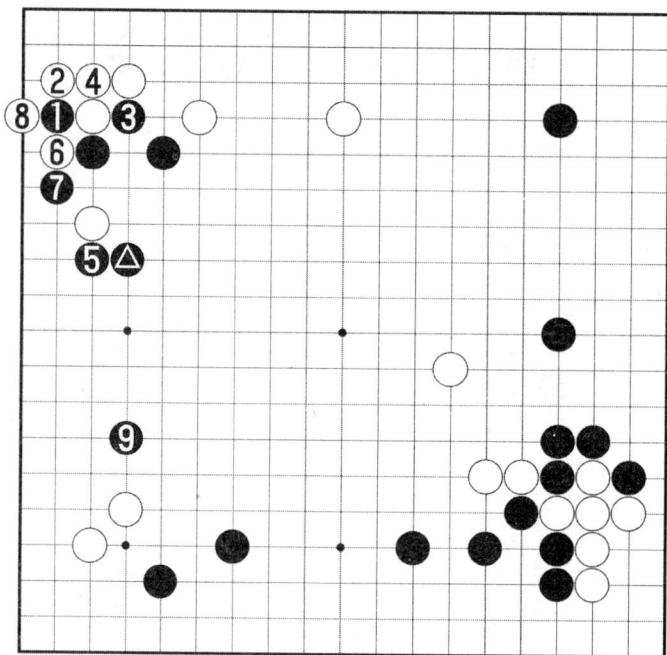

参考图六

对此后白 6、8，黑则继续脱先，再抢其他的大场。这才叫做
布局阶段的感觉。

白 34，又是聂君布局的好感觉，即便是让黑在下面成地，也
不愿意使自己在中央的这几子变得更薄。总之，本局的胜负就取
决于，中央这几子到底是被攻，还是反而在中原制霸。

让我们再回到前面，正如我已经指出的，白 22 这一手，黑如
果下在 C 位一带的话，白的整形就要多花一手棋，所以我才会有

那番发想。

以上，布局是如此的重要，我们已经述明。

第三谱 黑 47 长恶手

对于白 46，黑不知所云地在 47 位长，简直难以理解。

在左边和中原，黑白双方都已完全休战，黑 37、41 简直是完全无用的糟粕之子，尽管陈君相信自己的力量，但直接将这沉重的两子拽出也是不合时宜的。

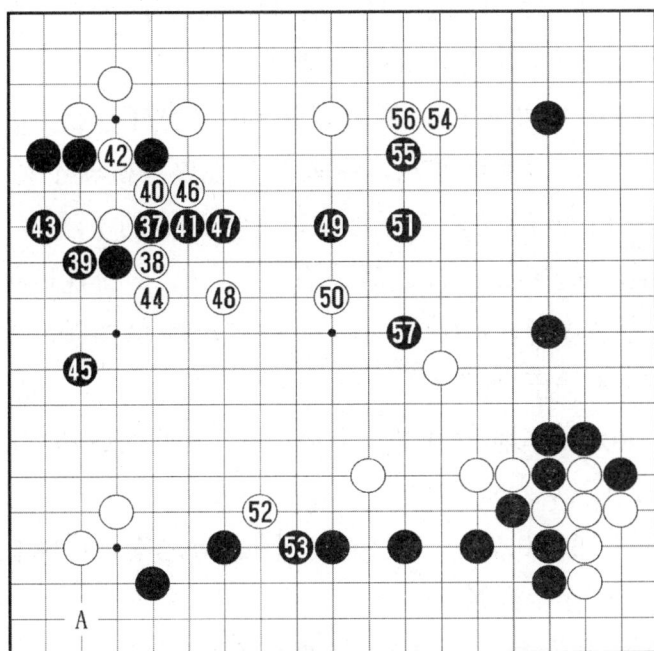

第三谱 （37—57）

在此中盘的关键时刻，陈君将这两子拽出，任谁都会认为那是恶手。

如**参考图七**，△厚重地压是机会，黑应该把△两子看做弃子，立即在右上大飞扩张，并远远地制约白的厚势，如果白 2 的话，黑继续脱先，转战左下实战谱中 A 位，威胁白两子的根据。白虽然在中央花了两手棋，将⊿两子制服，非常厚，但在地域方面黑却大大地领先，黑优没有疑问。

以这种思维方式，我们再回溯到当初，⊿的压虽然确是厚实的一手，但也可以说是多余，因为子的效率在一点一点减少。

我认为陈君47位的长，并无后续着想，这恶作剧般的被攻击之子，成为本局的败因。

我也要再对聂君说一句，白44虽然得利，但46压，手顺有问题。

有了白44与黑45的交换，黑37、41这两子已经变轻了，这种感觉聂君却没有能十分准确地把握。

当然，白46如省略，黑可以在46位拐打，左上方会产生各种各样的味道，如**参考图八**，将来白要进攻黑棋就不易了。然而，如前所述，白46应该要毫不犹豫地考虑其他的下法。

参考图八的黑2拐打之后，有了4、6、8的各种味道，黑确实变得不易进攻了，但无论如何对黑37、41这两颗浮游之子，采取轻子勿取才是正确的。

白下46，轻率地认为黑一定会下47这种安逸的想法，是不能允许的。

总之，至白50为止，在白的包围态势之中，这两颗浮子仍然没有眼，继续在中原流浪。

白54太过安逸，在这里，不继续严厉紧凑的下法是不行的。

由于白54的安逸，黑得以喘息，陈祖德立即以黑55、57来展示他的力量。在这被围的中原一带，陈祖德的气魄令人钦佩。

之前，陈祖德来日本，日本方面膂力过人，有着"职业杀手"绰号的加藤正夫曾说过："陈祖德的力量绝不在我之下。"陈君那为人称赞的本领开始在这里展现了。

黑57这一手，就我的能力来说，其善恶是难以十分准确地判明的。中央的薄味没有任何改观，看来只有选择突出重围。

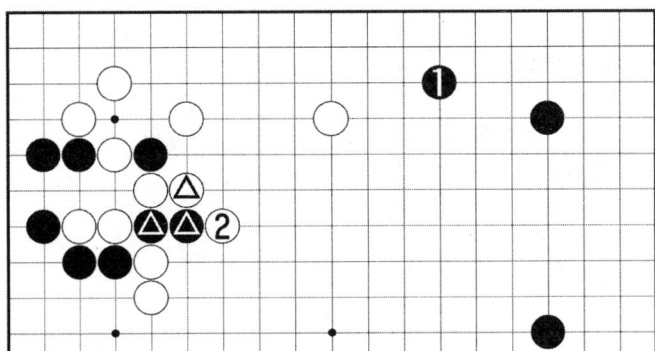

参考图七

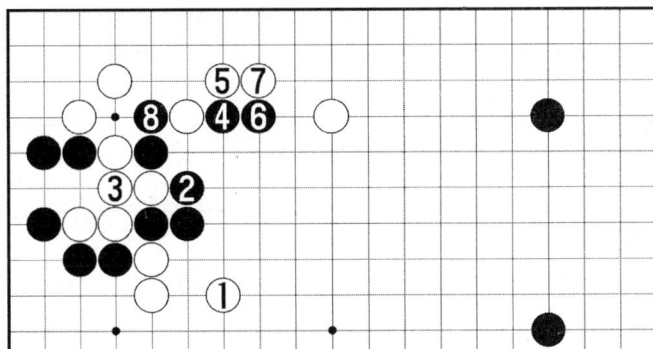

参考图八

第四谱　才气横溢的迂回

从前谱黑57的反击开始，双方都竭尽全力进行战斗。其中局部细致的检讨并非我所擅长，本论旨在对聂君的感觉及棋风给予判明，而对其力与力之间的激斗只得割爱。以下谱中主要部分将继续给以解述，更为细致的内容就请读者诸位自行探讨。

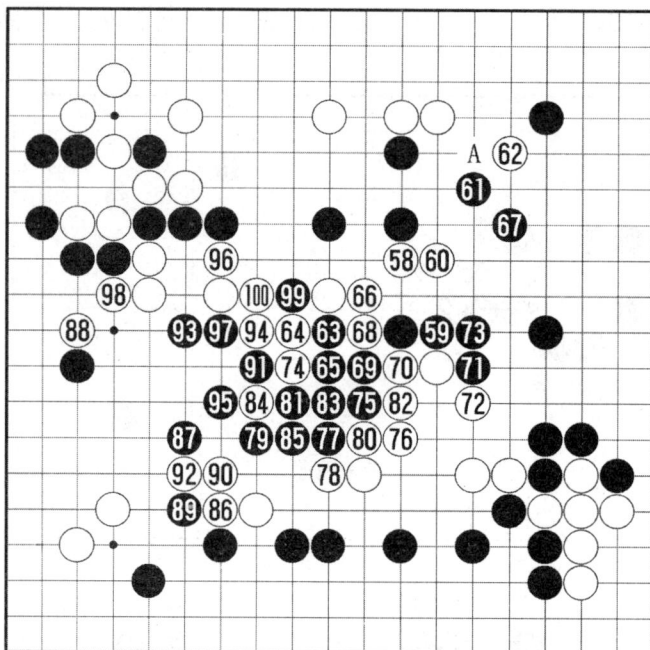

第四谱 （58—100）

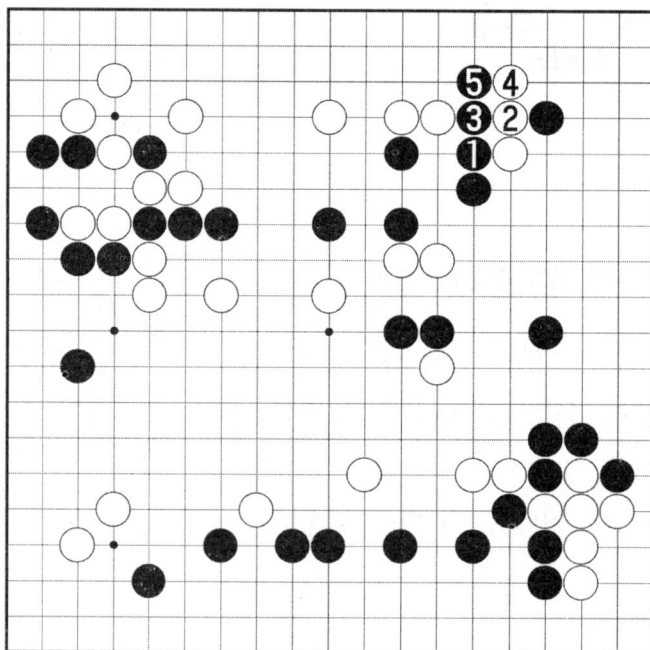

参考图九

有关我个人的感想，将逐条说明。

黑 63，在中央的战斗成为焦点的现在，气合上也要在 A 位突击。

如**参考图九**，黑 1 突击至 5，将白穿断。这种思路希望能够引起注意。

白 80 的挤是急所，白 88 等着手并非直线进攻，这里，聂君充分展示他的柔软的招法，才气横溢的迂回。

细解省略，正如谱着所示，黑 57 剑舞中央，分隔白棋开始攻击，对此聂君毫不示弱，与强手陈祖德展开势均力敌的角斗。

第五谱　黑劫材不济

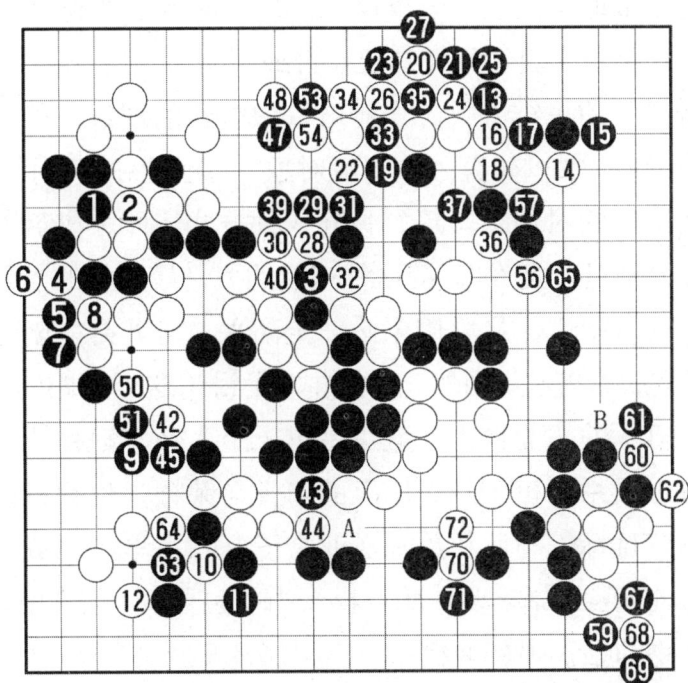

㊳㊻㊾㊽=⑳　㊵㊾㊺㊻=㉟　第五谱　1—72（101—172）

结果是，上方的大劫争，黑劫材不济，终于被白 66 粘消劫。

白 70、72 手筋，将来即便是被黑在 A 位切断也能确保中央白活

棋，而且还留下了 B 位的断，右下角白也不死。其实，白下出了
70、72 之后，陈祖德不投子也不行了。

不愧是中国冠军——聂卫平·王汝南

  1975 年，《人民中国》杂志登载了记者对聂卫平的采访实录。
他说："我在作战之前，先研究对手的棋风，充分了解对方的长处
和短处之后，再确定基本作战方案。这次对陈祖德就是这样。陈
祖德是进攻型棋风，从开始就战斗的话，输的可能会比较大，所
以，最初尽量避免战斗，伺机反击，最终取得了胜利。"

  正如孙子的名言"知彼知己，百战不殆"，这在某种程度上来
说无疑是科学的思维方式。先对对象做细致的观察，然后详细分
析对象的特质，加以研究才能了解对象，而不是独断自负的观念。
可是，在围棋的对局中，还有另外一种方式，即"棋盘上我只下
我的棋，无论对方是谁"。持这种态度的人，最典型的当属梶原武
雄九段。这派中人，棋胜倒未必一定高兴，可若是能创造出新的
手段，那就欣喜若狂。当然，现在并非是讨论这个问题的时候。一
般来说，日本的职业棋士，赢棋是棋士个人及家庭物质生活的需
要，同时也关系到棋士本人所有的名誉与荣耀，也就自然成为棋
士们的第一目标。与此相反，在业余爱好者那里，创造的乐趣便
成为当然的倾向。如果要在职业棋士当中去寻找"创造的乐趣"派
的代表人物的话，那就非梶原一人莫属。

  聂君的棋，就他个人的棋风而言，序盘战往往并不脱离既往
的定式，这一点是没有疑问的，上一局与陈祖德的棋是如此，本
局亦然。请看棋谱。

第一谱 定式未必还原

黑 7 高挂，白 8 故意剑走偏锋。这里，我试着揣摩聂君的思路。

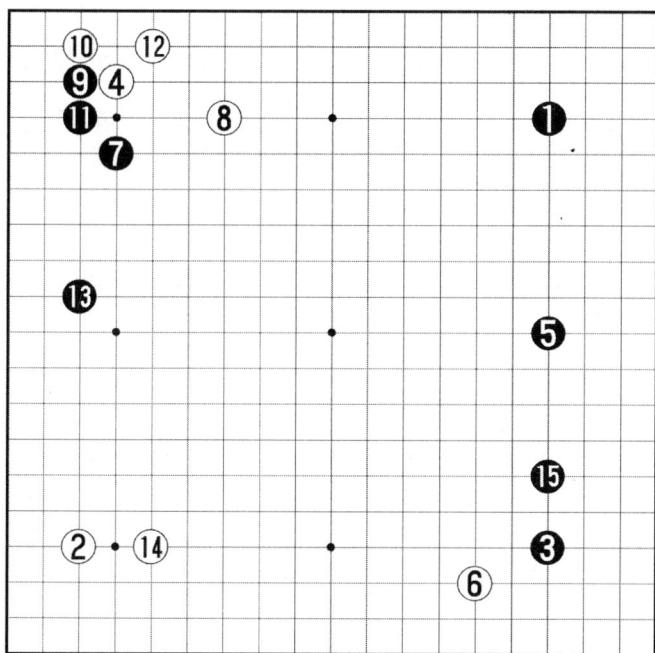

第一谱 1—15

● 王汝南　贴 $2\frac{3}{4}$ 子　○ 聂卫平

1975 年全运会围棋赛（北京）

他的预想图是如**参考图一**的另一个定式，黑 1 以下至黑 5 的时候，下一手棋下在白 6 要比 A 位高效。这就是他下实战白 8 的原因吧。

在此，他想当然地认为，下了白 8，本谱黑 9 以下至 13 会是自然的进程。换言之，他认为尽管手顺不同，但依然可以还原常见的定式。

但是，确实如此吗？答案是否定的。手顺变化了，便无法还原定式的情况是经常会出现的。盘上的每一手棋，都是由当时的局面，黑白两方已有的子所决定的，而并非由既成的定式所决定。因此，我们应该将这一点作为前提，再来考虑具体的下法。

参考图二就是可能的变化。对于白1，黑不在角上定型，而直接以黑2展开，白恐怕得在3位应对吧。于是，黑从4位逼过来，这是急所，也是白1步子迈得过大而暴露出来的弱点。

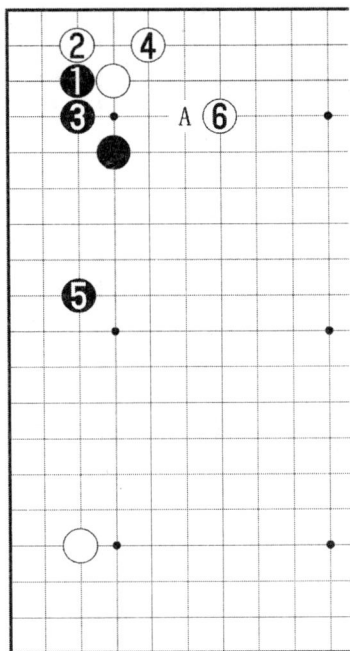

参考图一

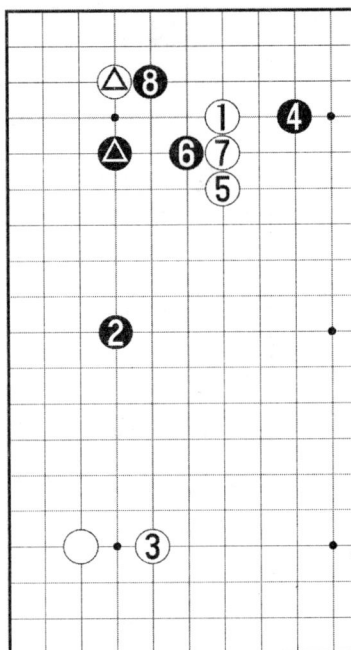

参考图二

对于黑4，白已没有好手应对，原因正在于△一子与白1之间的跨度太大。

于是我们发现，在参考图二当中，白5跳是必须要走的仅此一手，但是，黑有6、8将白棋分割的手段。这种情况下，白在参考图三的1位扳的话，仍然无法取得联络，而且将面临崩溃的局面。

本来，在这序盘阶段，黑白双方仅有寥寥数子的情况下，白也并非完全没有变化的余地，但无论如何，实战的白8都有自找麻烦的嫌疑。再仔细审视一下参考图二，重新品味一下▲、△和白1之间的位置关系，感受一下黑4正中白要害的感觉。

可是，我们在本谱所看到的是，黑9以下的定型方法脱离了此处的急所。

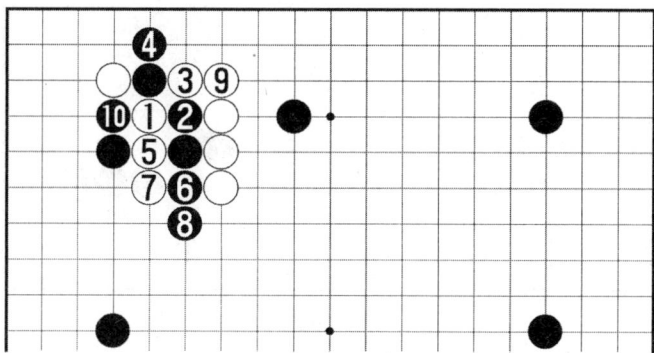

参考图三

在这里我要告诉聂君的是，按照我的变化图进行下去的话，会对王汝南很有利。可见，两个人都还没有将棋子之间有机的关系完全融入自己的血液之中，真正成为自己的东西。前面我曾提到过的"因为对手这样下，我就一定要那样反制"的想法，针对敌手的深刻的胜负心，还没有生出来。中国棋手对此应该牢记。

回到棋局，接下来是王汝南下出的温和的黑15，总有那么一种不甚满意的感觉。

最初当白6来挂的时候，黑立即就在15位应的话，也许不是恶手。

以左上角为例做了详细的研究，说明了一个道理："手顺的不同决定了着手的不同。"与白6刚刚落下时不同，棋盘上自己与对方的子都增加了，右下角的下法必然要发生变化。

我的第一感是，黑15应该如**参考图四**，在黑1严厉夹击，而不是朦胧模糊地在A、B等处宽松地夹。具体而言，A、B之类的着点只是对左方△缔角起着制约作用，除此以外没有其他太多意义，而黑1不仅仅是夹击，同时也将左方白棋的发展考虑进去了。着手的决定，取决于盘上所有棋子间有机的相互关系。

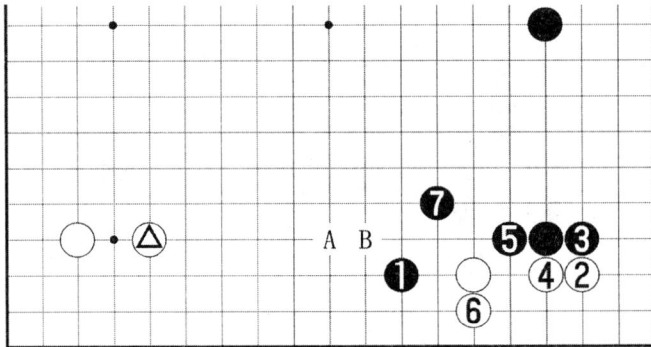

参考图四

第二谱　扳出方向错误

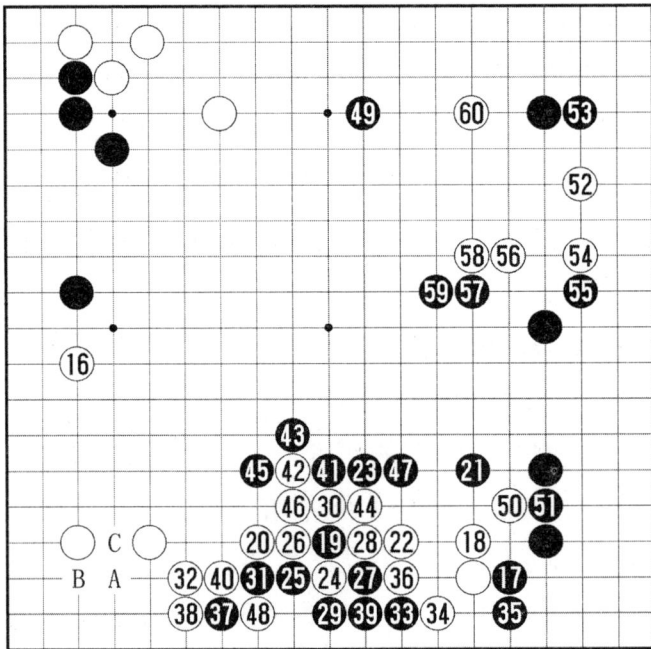

第二谱　16—60

黑 23 罩，我以为或许该在 A 位刺一下，看看白的应法，然后再决定黑 23 的方向。或者是先在 B 位靠三三。白 22 在如此狭窄的地方拆一，显得太重了吧。其实这时白可以考虑**参考图五**的下法。

黑 25 的扳方向错误，结果让左下角的白地成得太大。已经有了黑 17、21 之后，右边的白 18 等子也就相对变轻了。

实战白无论如何要从外面封住黑棋，想法正和黑 25 的扳如出一辙。此刻，白 28 应该有**参考图六**中白 1 的下法：以下到黑 8 为止是预想的结果。这个定型，白棋以如此少的子数竟然围成这么大的地，实在太理想了。

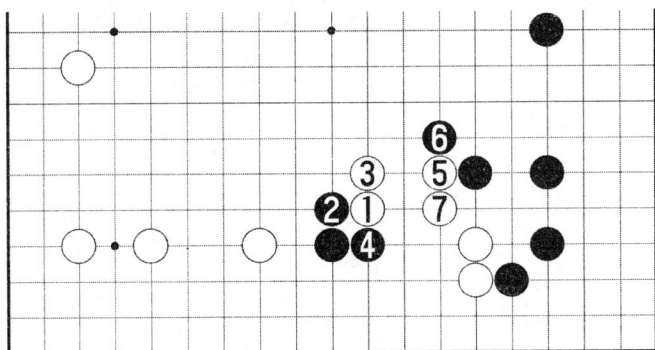

参考图五

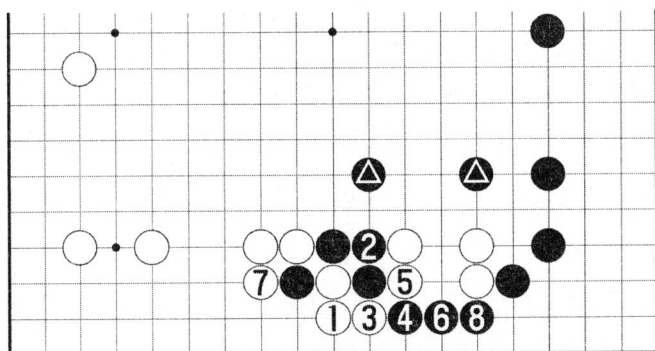

参考图六

右方白的四子，黑用 4、6、8 再加上外边的⚫两手棋去围，因此即便是被吃也无所谓，更何况白四子并非无条件死，还有着很多的味道。

比如**参考图七**就是个例子。白有 1、3 这样露骨的着法。盯着 6 位的挖，白 3 还有 4 位扳出的种种手段：白 1 黑 2，白 4 黑 3，白 6 黑 A，白还有 5 位断的手筋。

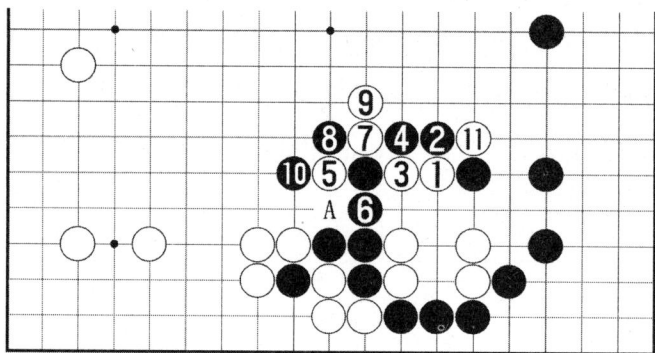

参考图七

白 30，聂君强行封锁，此后双方的应对十分精彩。这正是中国棋手所擅长的，计算极其精确，力量很大。

如我刚才所说的，黑可以在 A 位点，与白 C 交换，然后黑 31 爬，本谱白 32 这样强行封锁的手段就不成立了。早进行 A、C 的交换，本局也许就完全不同了吧。

黑 33 以下至黑 35，以及接下来的黑 39 单接，实在是让人感到畅快的好手，这一带的计算准确得令人钦佩。

黑 41 若是在 48 位接就活了，这是近三十目的大棋，我认为还是这样下好些。黑 41 将下方作为弃子来作战，王汝南朝气蓬勃的真面目跃然枰上。

接下来，黑 47 必补，抢占中央制高点，白 48 将下边吃净，这样的复杂转换，就我的水平其善恶难以评估。

黑 49 先鞭于上边，其模样不小，虽然感觉黑还不错，但这不过是假象，因为下边白已确定的实地太大了。

白50下在黑难受的地方，聂君在此试探方向。

白60打入，这是年轻气盛的聂卫平的手段。

第三谱　黑三子被吃

白72不可解。这一带，黑61靠在外面，到黑67为止的变化，是黑方漏算了吧？我是真的搞不懂了。白68扳瞄着黑的弱点，极其严厉。

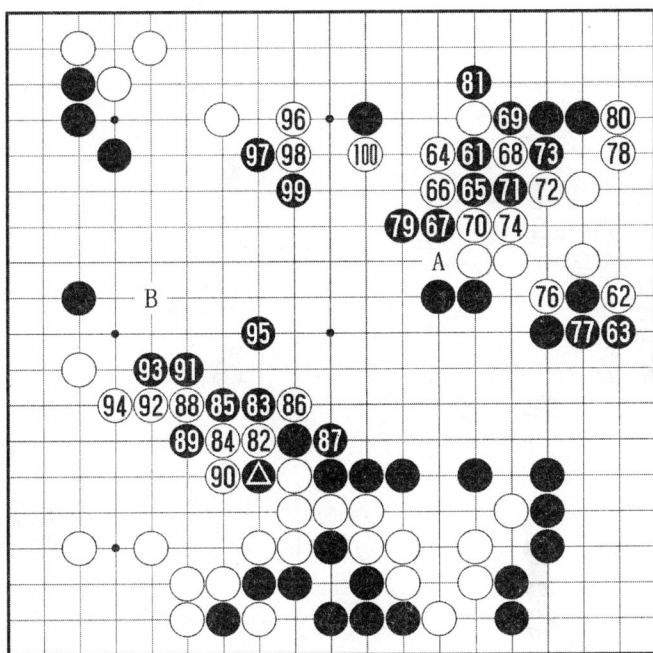

75＝68　　　　　第三谱　61—100

我实在不理解的就是本谱的白72。

白如**参考图八**白1打，黑2接的话，白3退，▲棋筋简单被吃。这样，这盘棋就下完了①。如图黑4打白5长，黑再在A位断打滚包，也是无关痛痒的表面功夫。就形而言，实战的白68之前，

_____

①白1时，黑只能4位先打、转换。

如果白79先扳，然后再下68位就十分完美了。黑79位长，要是我的话，更想贪婪地粘在 A 位。反正黑81这一手是必须的，黑79直接粘在 A 位的话，中央的味道就完全不一样了。

黑81为止右上暂时偃旗息鼓，战火烧向下边。聂君在82位断，意欲将中央定型。但白82实在是太小了。

首先，△这酒糟一样的废子，吃掉根本没有任何意义。

其次，在这里，真正贤明的选择是**参考图九**白1点，黑2接白3再飞，侵消黑中央的模样，这样要比实战好很多。

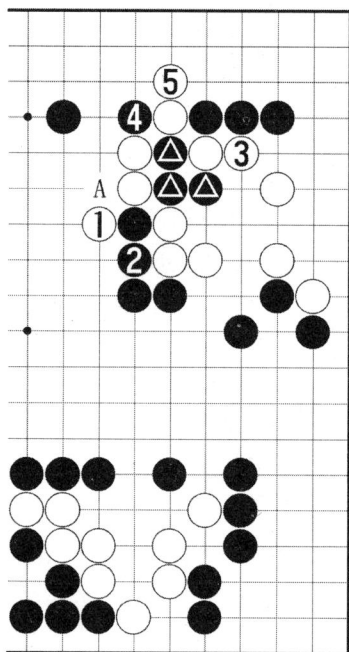

参考图八

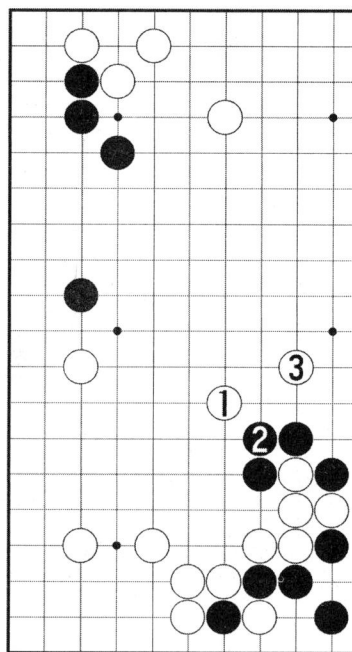

参考图九

接下来黑95应在 B 位围吧，黑97、99是形，这是充分显示王汝南力量的好手。

已感到当下的局面形势不利，聂君以白100顽抗，但这是极其危险的一手。

第四谱　聂君的强腕可怕的迫力

黑 1 冲是当然，这痛烈的一冲，让人感到这局棋结束了。

但是真不愧是聂君哪！当然是有备而来。

上边黑 19 将此地的局部战斗打上了终止符，白 20 的尖出抢到了剩下的唯一大场，前谱△若是能抢到 32 位的话，就不存在这一威胁了，或许是黑棋的完胜也说不定。

当然，即便△走到了 32 位，棋局或许也会有一些变化，但是其他地方与实战并不会有太大的差异。总之，如果最后是黑败的话，那么△（前谱黑 95）就是败招。

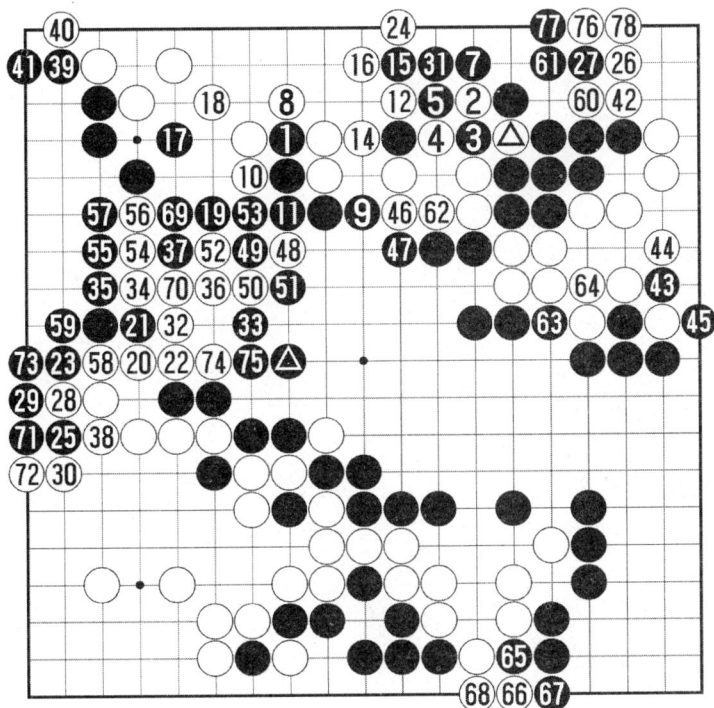

⑥=△　⑬=❸　第四谱　1—78（101—178）

178 手以下略　白胜 $\frac{1}{4}$ 子

至少至少，▲无论如何应该再往左一路。

对于黑 23，白脱先，白 24、26 充分展示了聂君那拔群的迫力，真不愧是中国的王者。

第九章
日中交流

昭和三十五年实现

作为日中友好的一环，日本与中国间的围棋交流历经了将近二十年的岁月。交流得以实现是在 1960 年（昭和三十五年），首先由日本方面对中国进行访问。团长是已故的濑越宪作名誉九段，以下坂田荣男九段、桥本宇太郎九段、濑川良雄七段、铃木五良六段共五人。与中国方面对局之前，在讨论日中两种不同规则到底采用哪种的时候，因有人提出"中方的规则不甚清楚"，最终采用了日本式的计算方法。

这个时期，由于日本棋士面对中国棋士还是以老师自居的基本态度，所以几乎是强行采用一方的规则。

最后的结果是，总计 35 局比赛之中，32 胜 2 败 1 和，日方获得压倒性的胜利。

中国代表团访问日本，是在 1962 年（昭和三十七年）7 月 8 日实现的。一行由李梦华团长率领，成员有孙平化副团长，翻译李政洛，棋手刘棣怀、过惕生、陈祖德、黄永吉、张福田、陈锡明。在日本停留了三周，对战成绩是日方 23 胜 12 败。

少年陈祖德登场

1963 年（昭和三十八年）日本访华围棋代表团，由日本棋院杉内雅男九段为团长，关西棋院宫本直毅八段等组成。中国的尖子陈祖德受定先对日本职业棋手，互先对日本业余棋手，五战全胜，创了纪录。最后，正式比赛的结果是中方 19 胜 33 败 1 和，与两三年前的战绩相比简直是大跃进。

日中之间的围棋赛事，在日本国内进行了广泛报道，今后亦将如是。自日中围棋交流的前期直至现在，表现持续活跃的棋手，尤其是站在他们前列的陈祖德，简直就是新中国的英雄。1965 年（昭和四十年）的那次访华，梶原武雄八段临时代替患病中的濑越宪作九段，担任日方的团长，与陈祖德进行了对局。

"中国强啊！"的呼声——梶原武雄·陈祖德

两者间的对局成绩是梶原 3 胜 2 负 1 和，稍稍领先，然而陈祖德终究也取得了接近的成绩。

梶原在当时的日本，有鬼才之名，又被称做"天下的梶原"，所以陈祖德的善战震惊了日本围棋朝野。

陈祖德执白对"天下的梶原"，步伐堂堂地进逼，真是夺人眼球。

本局下成了和棋，局后梶原说："真没想到这盘棋能下成和棋啊！"其实，确实如此。

前年，杉内代表团对陈祖德全败，现在梶原也在苦战之中。"中国强啊！"的呼声，充满了日本围棋界。现将此一局呈现如次。

近来十年，在新星聂卫平没有出现之前，陈祖德的王座无人撼动。

第一谱　陈的强腕与深邃计算

少年陈祖德的白44、46犹如天马行空，但貌似生猛，我虽然觉得也是一种趣向，但实难赞同。

我的理由是，白即便是已经下出了44、46，黑也没有感受到多大的压力，因此，这是不急之招。

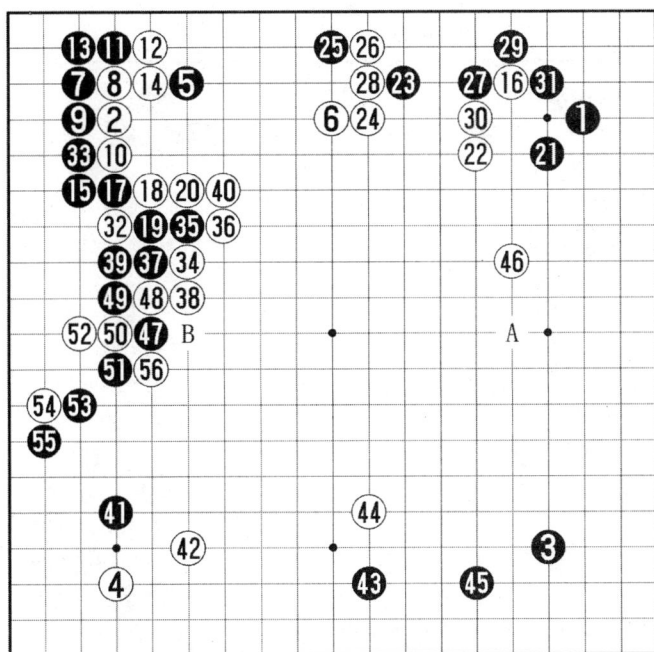

● 梶原武雄　○ 陈祖德

第一谱　1—56

围棋，是棋子之间为生存而进行的斗争，是相互以死活作为赌注的血战，容不得这样的不急之招。为了明日中国围棋的发展，我斗胆进上这一言。

另外，对梶原八段的黑 47 我也无法理解。

本局的要点，便是在于白 44、46 效率的高低。因此，白的下法虽然有些半生不熟，黑也丝毫疏忽不得。

对于白 44、46 这种松缓的下法，我的第一感是黑应下在 A 位。

白 48 以下严厉，陈在这里的强腕及计算的深邃令人折服，甚至觉得像是在使用骗招。

黑 53 味道不好，不如单在 B 位要点压住，让白左边活棋，这样下边的白 44 就成了浮子，局势肯定是黑好。

第二谱　诘棋的筋

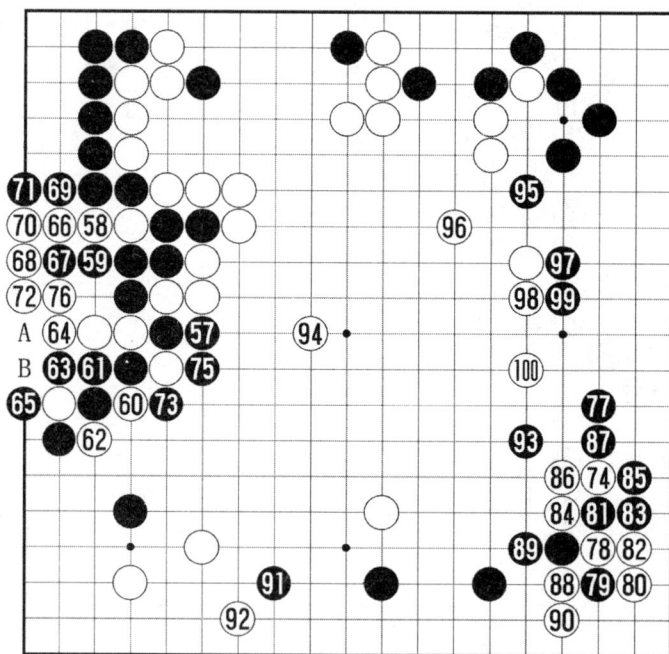

第二谱　57—100

左边的变化堪称诘棋的筋。初学者各位要注意，白 68 之前，白若先交换白 A 黑 B，则黑还按照 69 以下进行，最后将成共活。

第三谱 断吃黑中央

黑 15、17 严厉。以上方黑的坚壁作为依托，有"只此一手"的感觉。

激战在中原战场展开了。这是两者都使出平生本事精彩的一战。但中央被白 46 断，最终黑被歼。

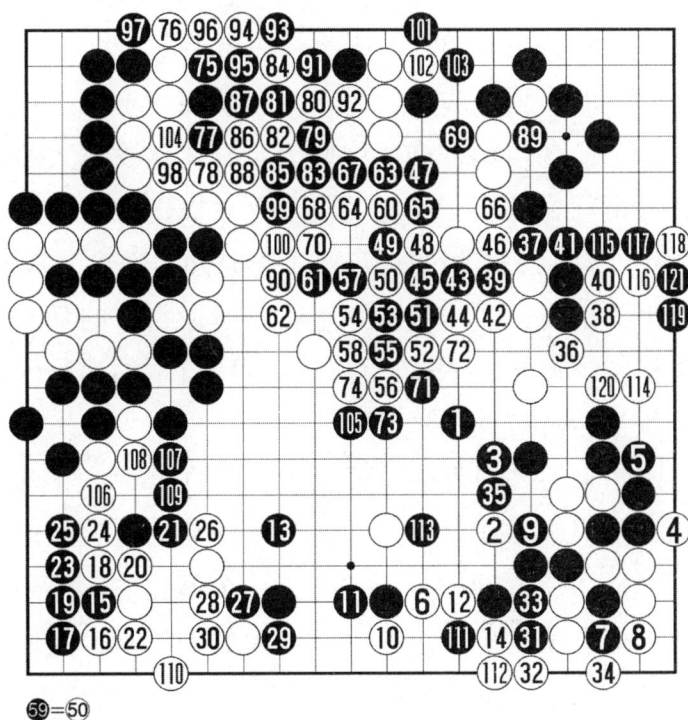

第三谱　1—121（101—221）

聂旋风乍起

1975 年秋，以高川秀格、窪内秀知两九段为首，日本围棋代表团访华，举行日中两国的正式比赛。前后共进行了七次的非正式比赛，这次，日中两国共同的梦想终于实现了。

就在这次比赛中，弱冠二十三岁的聂卫平轻取高川、窪内，以及石樽郁郎八段、户泽昭宣七段等一线棋手。

上面提到的石樽、户泽，是日本棋院高段赛中，年度综合总成绩八段、七段各自第一名的中坚力量。在这次正式的国际比赛中，两者都是互先败给了中国的聂卫平。以围棋为国技，遥遥领先于世界决不容他人尾随的自豪感，霎时间飞散到九霄云外。

聂卫平的出现，使得中国除了唯一可以自夸的乒乓球之外又多了若干资本，而在日本这一侧，这要比日本的另一国技——柔道败给了荷兰的格辛克还要羞辱。

从中国回来的高川秀格团长说了以下的话："一般来说，中国棋手接触战都很强，而最初布局的感觉却是迟钝的。但是那位聂选手对于'日本流'的布局心领神会，步调够快。此外，战斗力很强，官子也十分精确。这是一无弱项的强敌啊，我们这些人也就能和他打个平手，看样子不拿出我们看家的年轻棋手小林光一、赵治勋是赢不了啊。"

从高川秀格九段发自肺腑的感慨之中，我们才知道在中国已经出现了如此的俊逸之才。

聂卫平在 1976 年，首次作为中国访日代表团成员来日本。日本棋迷们的目光全都集中在聂卫平的身上，街头巷尾尽是有关他的话题。

上次在中国取得优异成绩的聂卫平，这次在日本的"真舞台"上不可能再次有那么好的成绩了吧？所有的人都会这样认为。可是，众人的预测却被他那超破坏力所击碎。七战下来只有一败！

第一局，竟然不可思议地击破了天元藤泽秀行九段，如本书158页1976年中国访日代表团正式比赛成绩表所示，最后还赢了本因坊石田芳夫，对手全是日本的顶尖棋手。唯一的败局，是执白两目输给了大阪的桥本昌二九段。可说是极其优异的成绩。

震惊日本的历史之局——高川秀格·聂卫平

这一战，是自1975年日本围棋访华以来，"聂旋风"真正书写围棋历史的一局。

聂卫平的棋，一直到终盘都很难缠，力量也很大。这里要大书特书的是他布局的感觉。在多数欠缺布局感觉的中国棋手当中，只有他与众不同，一枝独秀。其序盘的快调，子力的分布，能够与之相比的也只有木谷门下那群优秀的年轻人，大竹、石田、加藤、小林光一。那种现代速度感，真正是才华横溢。

准确的计算，中国棋手都具备，就这一点来说，中国棋手要比日本棋手强，去过中国的日本棋手无不交口称赞。那种计算的精确，对每一子都不马虎的认真态度，日本棋手赞叹不已。以至于有些感受力强的日本青年棋手，受到中国棋手的启发，从而逐渐变强的也有不少。

举一例，关西棋院的久保胜昭君，昭和三十九年（1964年）随日本代表团访华二十一日期间，战绩平平，回国之后却焕然一新，所有的赛事都取得连胜，一年之间，从二段升上三段，又接连升上了四段。包括新闻棋战等赛事，他创造了近二十连胜的纪录。

1976年度 日中围棋交流 中国访日代表团正式比赛成绩表

	第1局 东京 4月5日	第2局 东京 4月7日	第3局 福冈 4月10日	第4局 大阪 4月13日	第5局 大阪 4月15日	第6局 名古屋 4月17日	第7局 东京 4月19日	胜负
聂卫平	藤泽秀行 天元 黑胜2目	村上文祥 业余 白胜1目胜	加田克司 九段 黑胜6目	桥本昌二 九段 白2目负	濑川良雄 八段 黑中盘胜	岩田达明 九段 白2目胜	石田芳夫 本因坊 黑7目胜	6胜1负
华以刚	小林光一 七段 白中盘负	菊池康郎 业余 黑中盘负	村冈利彦 业余 黑和棋	本田邦久 九段 白7目负	田中哲郎 业余 白中盘负	高川恭平 业余 黑2目负	上村邦夫 六段 白中盘负	5负2和
陈祖德	石田章 七段 白中盘负	平田博则 业余 白2目胜	石井邦生 八段 白中盘负	东野弘昭 九段 黑中盘负	苑田勇一 七段 白2目负	酒井通温 八段 黑中盘胜	谷宫崎二 七段 黑中盘胜	2胜5负
吴淞笙	佐藤昌晴 六段 白1目负	三浦浩 业余 白中盘胜	饭野靖峰 六段 黑和棋	关山利夫 九段 黑和棋	久井敬史 八段 白中盘负	伊藤胜彦 业余 白4目胜	大平修三 九段 白9目负	2胜3负2和
王汝南	宫泽吾郎 五段 黑7目负	中国清一 业余 黑中盘负	冈光雄 五段 黑和棋	石井新藏 九段 白中盘负	西村修 业余 黑4目负	后藤胜彦 业余 白中盘负	淡路修三 六段 黑中盘胜	2胜4负1和
曹志林	时本壹 四段 白中盘负	原田实 业余 黑1目胜	上村阳生 五段 黑中盘胜	宫本义久 九段 白中盘胜	东野政治 八段 黑中盘负	西条雅孝 六段 白中盘负	今村正道 业余 黑中盘胜	4胜3负
王群	小林觉 三段 白中盘负	泽中启子 业余 白中盘负	卧本安 业余 黑中盘胜	松浦吉洋 业余 黑中盘胜	群寿男 三段 黑中盘胜	伊藤庸二 初段 白中盘胜	石仓升 业余 白中盘负	4胜3负
孙祥明	小林成子 三段 黑中盘胜	今村惠美子 业余 黑中盘胜	柳村惠美子 四段 白中盘胜	芦田矶子 初段 黑中盘胜	田中智惠子 初段 白中盘胜	服部奈代子 初段 黑中盘胜	小川诚子 四段 白中盘胜	7胜
胜负	2胜6负	6胜2负	4胜1负3和	2胜5负1和	2胜5负1和	5胜3负	6胜2负	27胜24负5和

公开快棋对局 4月6日(东京)聂卫平黑中盘胜高木祥一 4月14日(大阪)陈祖德黑中盘胜桥本宇太郎

说了些题外的话，我们还是回到"聂旋风"那历史的一局吧。

这局棋是，高川秀格带领的日方代表团与中方正式比赛中七局战中的第三回战，在广州下的。之前的第一回、第二回都是在北京。第一局，本年度中国全国冠军聂卫平赢了窪内秀知九段，第二局再破户泽昭宣七段之后，第三局对高川秀格名誉本因坊，已将日方逼入绝境，此战事关日本职业棋界的名誉，其间"必死"的含义自不待言。但高川亦属非运，在中国新锐聂卫平面前几近完败。

第一谱　脱出旧布局窠臼

黑9是变招，这并非聂君所独创，此前，在我的记忆中大竹英雄也曾下过。

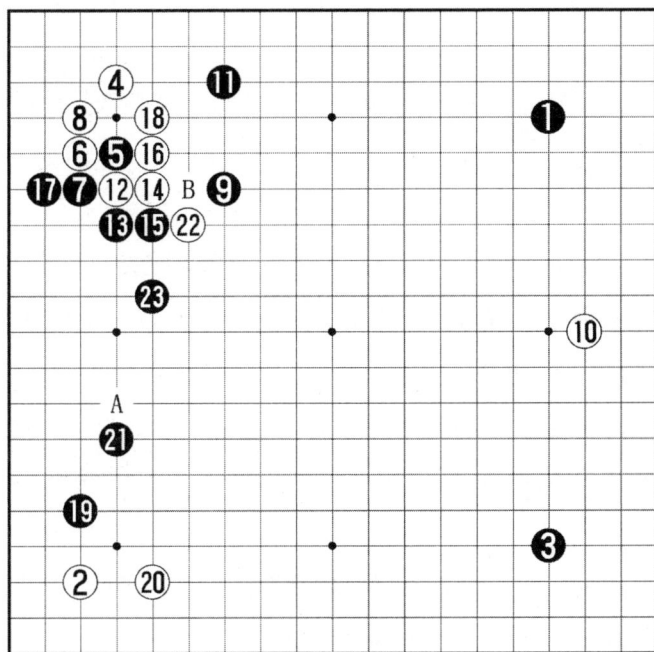

第一谱　1—23
○　高川秀格　●　聂卫平
1975 年 10 月 28 日于广州迎宾馆

159

此手的意图是，右边上下均有黑占据星位，与黑9一并构成宏大势力范围。中国棋手，以向先觉之日本棋手学习为基本原则，记忆和学习日本名人上手下出的定式或基本形。聂君在这里所下出的黑9，就是突破旧定式以角为重点的模式，包含新意的一手。

虽然黑9并不是聂选手的独创，但接下来的黑11等后续手段却很有可能是由他设计而成。黑9、11诱白在12位断，将白封闭在左上角内，善恶不明。

高川的白12断，是明了黑9、11的意图下出的，气势使然，而并非是这样就一定好。只是，这是否就正中了敌人的圈套呢？我有些怀疑。

白12的断，若是如**参考图一**白1下扳，虽然位置低但依然成立。之所以如此，是因为白角变得坚固无比，而前面所下的❷也就锐减了效率。

黑17下立无意义，因为即便下了黑17，对左上角的白棋也没有什么大的影响，不过，若是黑7一子被吃掉，之前好调的黑13、15就将上浮，这倒可以理解。

黑17若要在此处着子的话，也要下**参考图二**的黑1虎，不仅厚实而且具有弹性。本谱的黑17下立，地上是要好一些，是符合现代"日本流"棋理的，遗憾的是在这里留下了唯一的缺欠。

高川立即得以回到白18，进而下出了白22的扳，从手顺上来看这是俗手，原谱是留有"白18太温吞水了"的指责，这是当然的评价。

依我之愚见，白18应如**参考图三**，白1露骨地一刺之后，再在白3一带构筑阵势（正常想法是单在白3一带展开，白1是为了在展开之前，先利一下，这样实战谱中白12、14、16三子也变轻了）。

黑 21 的感觉也很奇怪，通常，黑 21 在 A 位多拆一路应该是没有争论余地的。果不其然，当聂下了黑 21，此时的高川已识出其布局的破绽，白 22 就是将计就计。

白 18 早就将此地彻底坚固了，这也是预计到在 22 位扳出的时候，黑会在 B 位断吧。

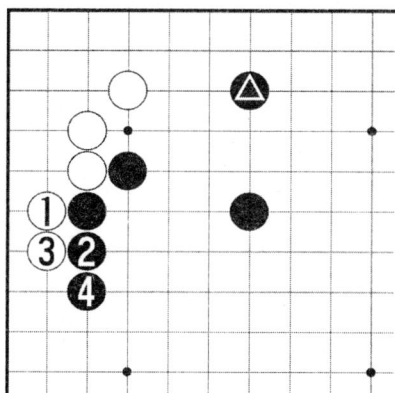

参考图一

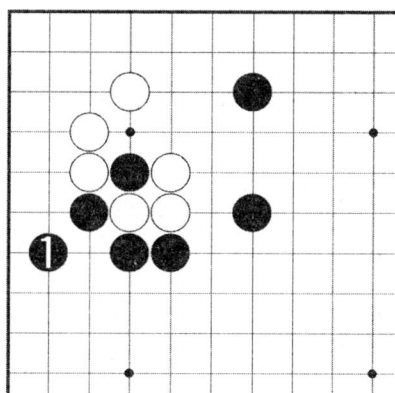

参考图二

多少懂一点棋理的人都会明白，有了白 18 以后，在 B 位断白是不会怕的。硬要断的话，前面被指责为"温吞水"的白 18，效率反倒大大地提高了。这是孩子们都明白的真理吧。高川秀格的白 22，似乎是大律师也说不出有何不妥。然而，此手实在是无法让人原谅。

那么白 22 究竟应该下在何处呢？

由于当初黑 21 所留下的问题，如**参考图四**，白先在 1、3 做战前准备，然后伺机在 A 位立夺眼，迫使黑在 B 位连回，这才是本筋。

白 22 扳出与黑 23 交换，反而使得聂在前面下的恶手黑 21 大放其光彩。下出这样的棋，局势落后是在所难免，在这里，与其要夸奖聂，倒不如指责高川更为恰当。

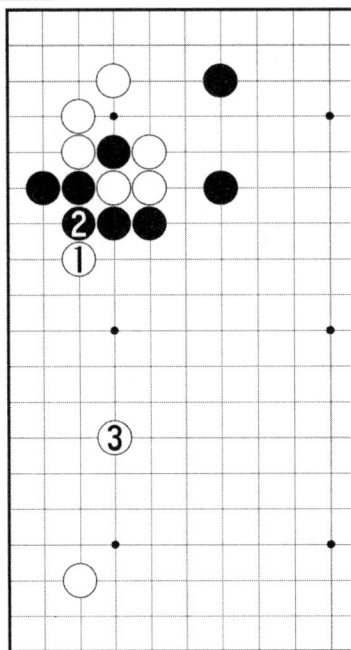

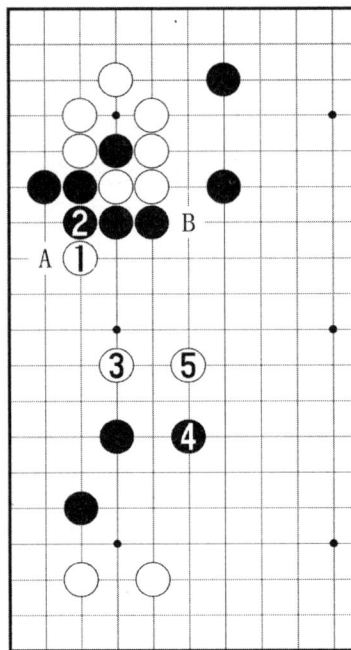

参考图三   参考图四

第二谱　违背棋理的白36

高川评："黑25是相当不错的一手。"我亦有同感。黑25之所以成为有效的着手，正是由于△与△的交换，△不仅是无所作为，甚至可以说是负效率！

不过，若是精细探究，由于左上角白屯扎了重兵，黑25应考虑如**参考图五**中的黑1一带轻探，白2自补的话，此地仍留有各种味道，黑可立即抽身，转向布局阶段常识性的其他方向。

27以后，黑的着手毫无懈怠。

就这样，黑31、33定型，接下来35紧紧逼住，理路整然，严阵以待。而白36以下方向却逆了。白是在自己已经很强的地方，无论对方怎么下都无关痛痒的地方继续用力，再没有比这更愚蠢的下法了！在这里继续下子，还不如到39位去试探对方。

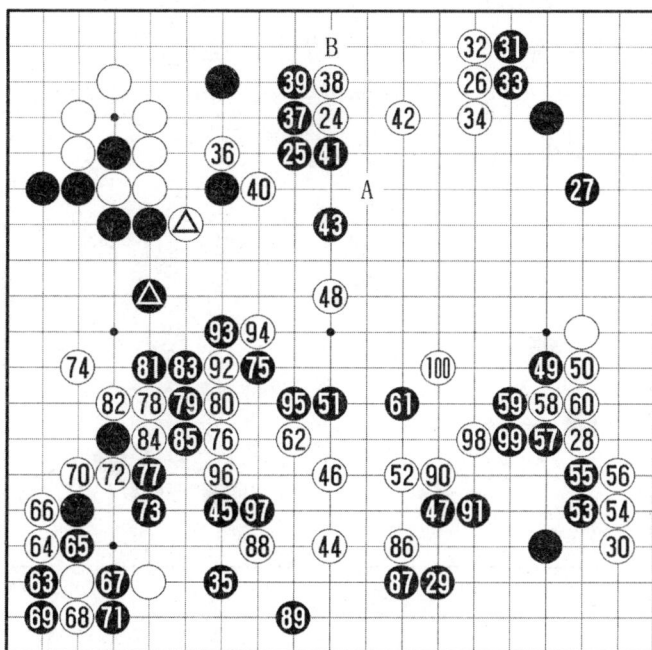

第二谱　24—100

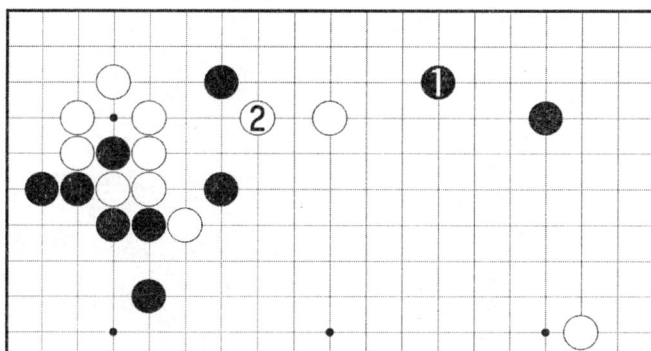

参考图五

　　39 位的急所还是被黑抢到了。白 40 将黑轻子拿住已是无关大局，必须在 A 位一带一决雌雄。高川在这里下的棋，无一是下在筋上，实在是令人惊讶。

　　白 42 也很怪异。右上棒接的白三子坚实无比，此处白至少也要在 B 位搜去黑的根据才对。就在这样的紧要关头又下出了白 44，除了让自己更苦恼之外，还能期待什么呢？

　　白 44 应转向右下角，**参考图六**中白 1、3 托退是很大的，而且还留有 A 位的断和 B 位的下扳。

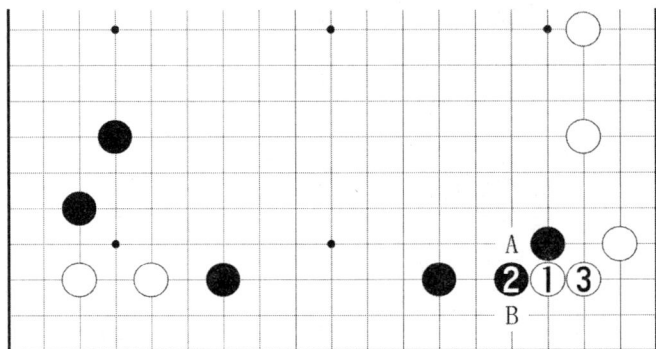

参考图六

　　黑 47 稍显麻木。白 48 以下必须开搅了，白在这里再无所作为的话，将与胜负就此别过。

　　而聂君的着手却如同绘画一样优美，随心所欲的棋子在盘上自由圆滑地流淌。白 48 以下的张牙舞爪也无济于事，这种没有根基的空中罩法是没法真正攻击到黑棋的。果不其然，聂君对 48 置之不理，右方 49 先便宜一下，回手 51 回敬一个反罩，白 52 不得已向右方逃窜，黑 53 趁机在右边定型，十分自然。黑 61 再罩，而不是平凡地在 99 位接，真是无所畏惧的年轻武士啊！黑 63 托，可以看出聂君也是酷爱实地的。白 78、82 已知被黑便宜，痛苦而不得已为之，一场右方大龙眼形俱无的苦战。

　　一代巨匠高川的反常，欲盖弥彰，怎么会从序盘以来就把自己的方向搞反？当然也就只好接受这一"因果报应"了。

第三谱　冷静的好手

黑1是冷静的好手，这就断了白唯一的希望。白不下白14的话，黑在A位尖，左边白四子被吃，这是不得已为之。通计共下了293手，这局棋是高川秀格的完败。

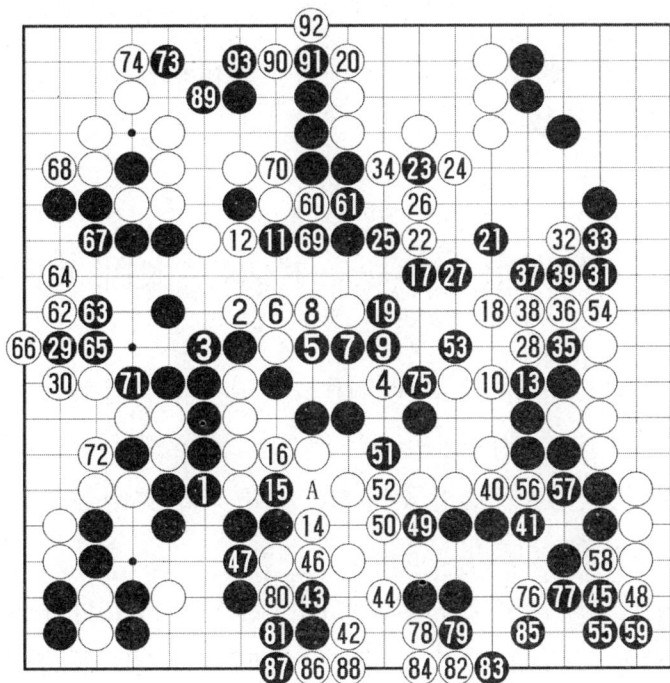

第三谱　1—93（101—193）共293手　黑7目胜

中国新锐群体崛起

1977年，可以称做中国围棋史上划时代的年份。从上一年就已经出现的耀眼的彗星——聂卫平依然活跃，而在日本职业围棋界，对于聂的实力，评价也并非完全一致。

1975 年日本围棋代表团访华的时候，在聂面前，团长高川秀格九段、窪内秀知九段、石榑郁郎八段、户泽昭宣七段等日本一流顶尖棋手纷纷落马。高川秀格九段曾经有"聂卫平棋力拔群，太强大了，我等已不是对手，只有小林光一、赵治勋那样的年轻超一流才能与其势均力敌"的说法。聂卫平这次的战绩绝非偶然，1976 年，中国围棋代表团访日，他的实力再次得到证明，7 战 6 胜 1 负，而且在接下来的 1977 年日本围棋代表团访华的比赛中又一次取得骄人的战绩。

次一代明星少年——桥本宇太郎·杨晖

1977 年日本围棋访华代表团与中国少年的对弈，我予以了特别的关注，由于中国的陈祖德、王汝南、吴淞笙等的不断努力，中国围棋的实力已逐渐接近了日本，接下来本文便要详细探究中国十几岁少年们的发展进步情况。

围棋作为社会主义中国文化的一部分，将会有什么样的新面貌呢？将来又会有怎样的发展呢？我们从真正解答这些问题的角度，来研究一下现有的成绩。

这些少年与日本方面下的都是三子棋，日方大多是完败。在大阪机场，桥本宇太郎团长以及菊池康郎等候中国民航班机降落的时候，桥本深深地感慨道："中国少年真是厉害啊！"菊池康郎则说了下面的话："日本方面的让三子，全都输了，我看了桥本先生的那盘棋，虽不是正式比赛，少年们也下得太棒了。中国各地的小棋手，都是十岁到十五岁的孩子，将来肯定有发展。这当中上海的钱宇平才十一岁，已经有和中国一流棋手下两子以上的实力。上海是围棋繁荣盛行的地方，像钱宇平这样的上海小棋手们，有望成为追赶聂卫平的，令人瞩望的下一代。"

我 1974 年访华时与钱宇平下了四子棋，当时他才八岁。他的未来前途无量。

第一谱　白 33 大场

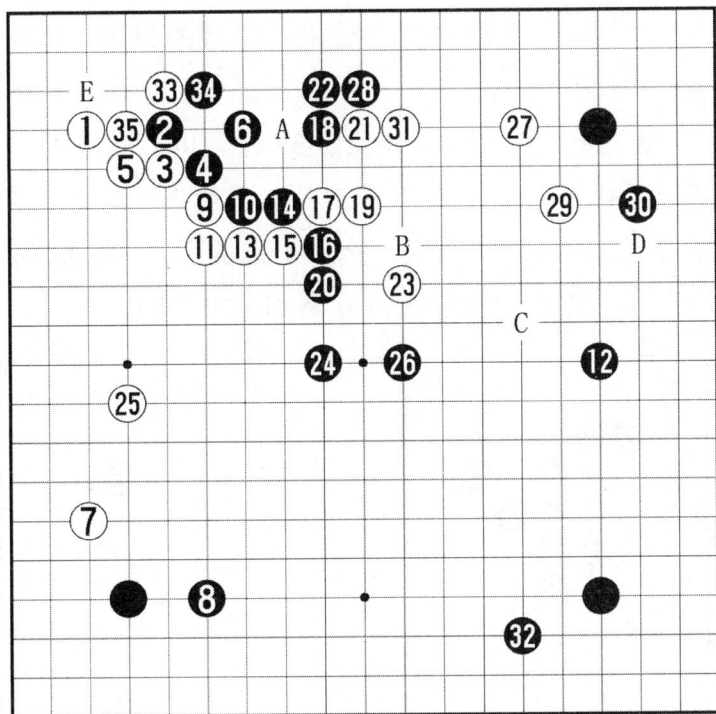

● 杨晖（授三子）　○　桥本宇太郎

第一谱　1—35

黑 8 是不急之务，此刻应该抓住时机，追究白 3、5 的重形。如**参考图一**黑 1 扳，白 2 的话，以下近乎必然。白 2 若是省略，被黑再抢到 2 位，白将无以应对。△这两子气太紧了。

13 位是黑白必争的制高点，黑 12 无论如何要在这里再压一手，这是全局性的急所。

黑 18 稍稍有些薄，哪怕有步调慢的顾虑，也该在 A 位双住。

白 21 的靠也是形，单论局部手段，**参考图二**的白 1 才是正中要害，本谱的白 19 之后，保留左上变化，单在 B 尖图谋中央，应该也是一种战法吧。

黑 28 太软了，黑 22 已经很屈辱了，继续在下面走棋很不好。

白 31 有点重，我的第一感是在 C 位飞，分割黑 12、26 两子的同时，伺机在 D 位靠下。这里是激战的战场，容不得缩手缩脚。

白 33 是大场，我认为下到了白 33 已经可以满足了，白 35 脱先也是可以考虑的，白下到 33 位之后，已经先手防止了黑 E 位靠三三的手段。白脱先黑也没有什么了不起的手段，如**参考图三**，黑 1 白就 2 挡下，将来还留有 A 位立下的简单手筋。

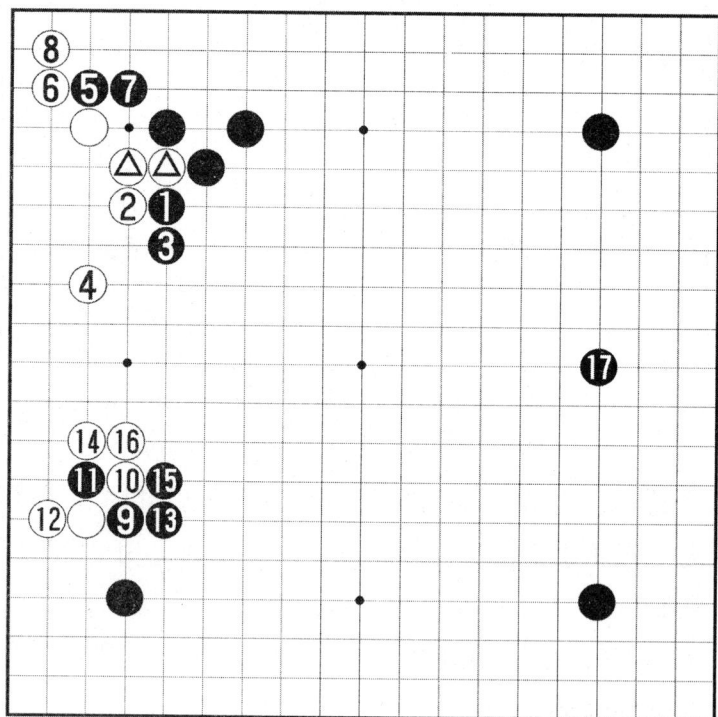

参考图一

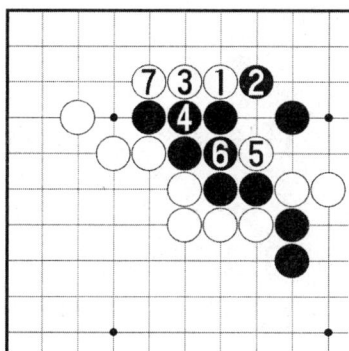

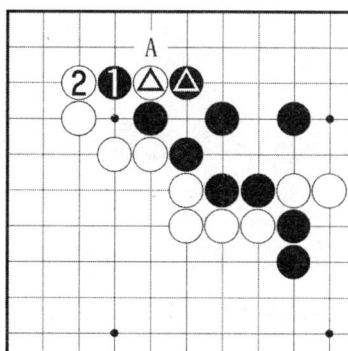

参考图二　　　　　　　　　参考图三

总之，由于有了⊿与●的事先交换，白A的下立将使得△生还。

第二谱　黑的坚壁

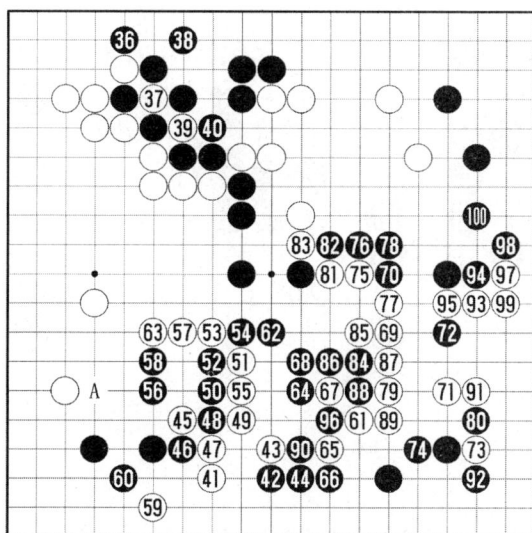

第二谱　36—100 以下略　一黑中盘胜

黑46勉强，在A位靠是通常的下法，但善恶不明。

接下来是黑在坚壁之中的战斗，就连桥本宇太郎九段也没能占上风。

黑84刺急所，一举奠定胜局。

日本希望之星的悲剧——石田章·李青海

石田章七段是日本棋院的中坚,拥有毫不逊色于顶尖高手的实力。

如本书 171 页 1977 年日本访华代表团正式比赛成绩表所示,石田与关西棋院的东野弘昭九段一样都是 5 胜 1 负 1 和,是日本代表团中最好的成绩。

第一谱　从“日本流”定式开始

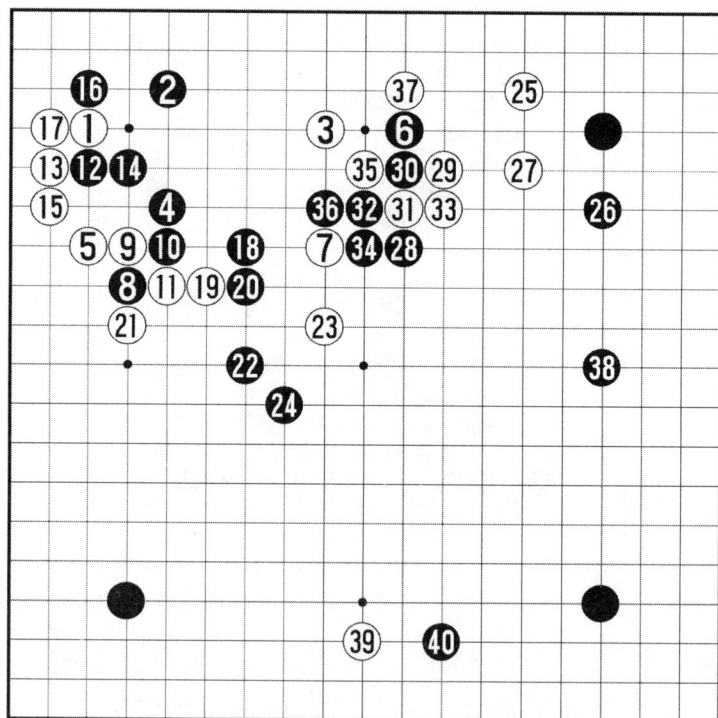

● 李青海（授三子）　○ 石田章

第一谱　1—40

第 5 届日中围棋交流·日本访华代表团正式比赛成绩表

	第 1 局 北京 4月14日	第 2 局 北京 4月16日	第 3 局 武汉 4月20日	第 4 局 武汉 4月22日	第 5 局 扬州 4月25日	第 6 局 南京 4月28日	第 7 局 上海 5月2日	胜负
桥本宇太郎（九段）（关西棋院）	聂卫平 白2目胜	吴淞笙 黑中盘和	陈祖德 白8目胜	聂卫平 黑6目负	华以刚 白中盘胜	沈果孙 黑8目胜	王汝南 白2目负	4胜2负1和
东野弘昭（九段）（关西棋院）	陈祖德 黑8目胜	沈果孙 白4目胜	罗建文 黑4目胜	吴淞笙 白中盘胜	聂卫平 黑2目负	王汝南 白和	华以刚 黑中盘负	5胜1负1和
石田章（七段）（日本棋院）	吴淞笙 白和	华以刚 黑中盘胜	聂卫平 白1目负	黄德勋 黑中盘胜	江鸣久 白中盘胜	聂卫平 黑10目胜	陈祖德 白中盘胜	5胜1负1和
家田隆二（七段）（关西棋院）	王汝南 黑10目胜	陈祖德 白10目胜	江鸣久 黑6目胜	华以刚 白6目负	沈果孙 黑中盘负	陈志刚 白中盘胜	聂卫平 黑12目负	3胜4负
佐藤昌晴（六段）（日本棋院）	黄德勋 白中盘胜	聂卫平 黑2目负	王群 黑14目胜	王汝南 黑4目胜	罗建文 白中盘胜	陈祖德 黑中盘胜	吴淞笙 白6目负	5胜2负
井上真知子（初段）（日本棋院）	孔祥明 黑2目负	何晓任 白中盘负	陈慧芳 黑4目胜	孔祥明 白中盘负	何晓任 黑2目胜	陈慧芳 白中盘负	刘小光 黑中盘负	2胜5负
菊池康郎（业余）	江鸣久 白4目负	陈志刚 黑中盘胜	徐荣新 白中盘胜	刘乾利 黑2目胜	黄德勋 白6目负	吴淞笙 黑中盘负	杨晋华 白6目负	3胜4负
三浦浩（业余）	华以刚 黑10目负	程晓流 白2目负	杨以伦 黑中盘胜	陈嘉锐 白6目胜	王群 黑4目负	孔祥明 白中盘胜	邱鑫 黑4目负	3胜4负
胜负	4胜3负1和	3胜4负1和	7胜1负	5胜3负	4胜4负	5胜2负1和	2胜6负	30胜23负3和

公开快棋对局：4月17日（北京）东野弘昭白2目胜聂卫平　5月1日（上海）石田章黑中盘胜陈祖德
日本战绩：30胜23负3和　快棋2胜

171

起手在左上角黑白的应对，是"日本流"定式。中国棋手通过努力学习，都已精通。

黑18通常是先在19位打，然后再在18位虎。其中的道理是，如谱中被白19、21这样制住，黑8一子没有充分利用，自然死亡，黑有不作为之感。

但是，由于白3、7是两间跳，间隔较大，黑18、20的定型对右边的压力要大，因此单就局部而论优劣，显然并不合适。

白23意气用事。现在轮白下，白应该在28位这一带走棋，或者如**参考图一**，索性白1压迫▲一子，抑制▲的行动方向，逼黑2应之后，白再下在3位一带。

参考图一

对于参考图一的白1，黑如按照**参考图二**贸然反击，白可以2、4扭断。

接下来的白27有点重的感觉。很想如**参考图三**下在白1，黑

2 的话则白 3、5 是手筋，黑在 6、8 强行扭断不能成立，白 9 之后，A、B 两点见合。

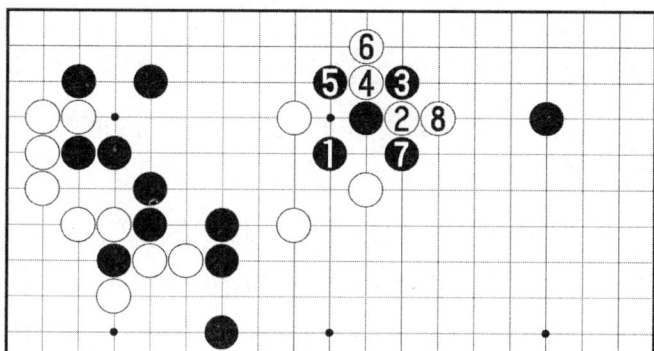

参考图二

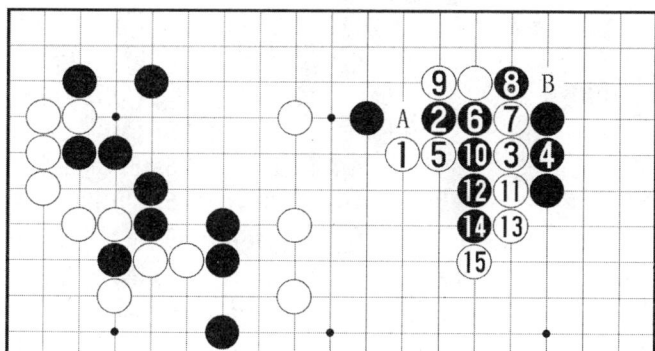

参考图三

　　这一带是序盘子力的运作，稍有差池全局命运就成了定数，是重点中之重点。

　　参考图三之后的变化还有很多，我在此就不尽述了。

　　白 29、31 的下法过分勉强，使白崩溃得更快。白 29 应下在 31 位。白 27、29、31 这样的着想，我是根本无法赞成的。

　　本谱白到 37 为止的形完全是僵硬的凝形，而且与中央白 7、23 的本队脱离了联系，惨不忍睹。白 23 与黑 24 的交换完全变成了送死，无论是谁来看都是一目了然。

第二谱　无关大局

白 41 以下，对于左上，双方都没有继续下棋的必要了，所以都将致力于还没有定型的地方，而实际上，现在，广义而言，盘上很多地方都已经是贫瘠的"单官地带"了，因此黑 42、44 得先手是符合棋理的。

但是，黑 46 应在右下角缔才是大场。黑 52、54 以及 58 都下在了所谓"单官地带"，很难指望有什么后续。不过，最后关头黑抢占 134、136 急所，白还是只有投了。

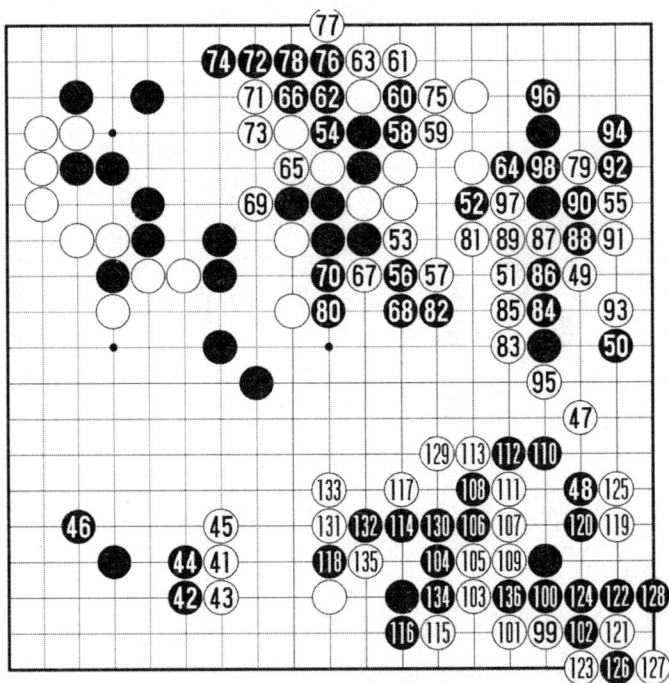

第二谱　41—136　黑中盘胜

业余顶尖折戟沉沙——菊池康郎·沈光基

这是日本围棋业余顶尖高手菊池康郎的指导局，对手是中国少年棋手当中的一人，当我看了这盘棋之后，深为其可怕的战斗力所惊骇。就连菊池康郎也败下阵来。

第一谱　菊池得意的快调

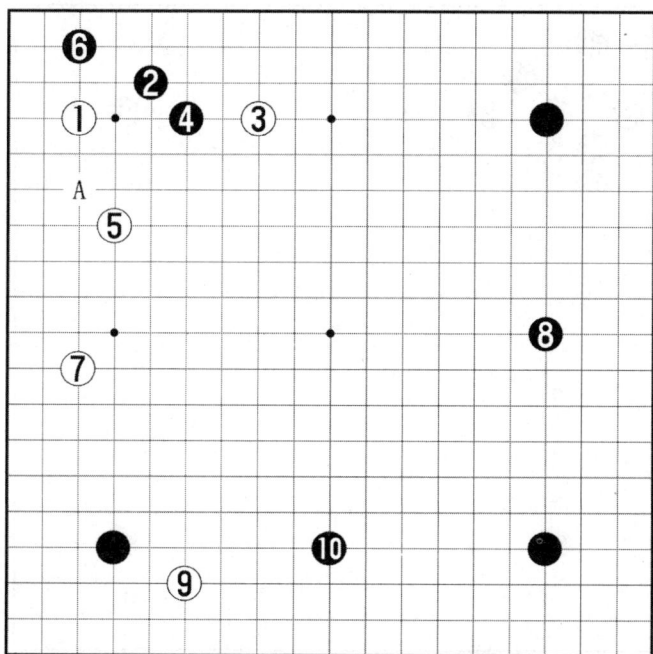

● 沈光基（授三子）　○ 菊池康郎
第一谱　1—10

我们先来看看战前的情况。

白5、7是菊池所得意的快调布阵。但我的第一感是白7有问题。理由在于，白1、5展开，黑6之后瞄着白的下盘，总有A位的打入手段，而白却在 7 位低围，损。违背围棋的格言——存隙不低围。本谱的白 5、7 正是如此，特别是白 7 下在了三线，想要围地的意识很浓。

在这里，并不仅仅是菊池，就是专业棋士之间以白 7 展开似乎也是常识。在我看来，这边上的下法，是专业棋士世界观的分歧所在。

结论是，在这里不可低围，而应该如**参考图一**，白在 1 位高位大幅展开。左边并非以地为目标，而是以 A 位与△相呼应，志在中原。

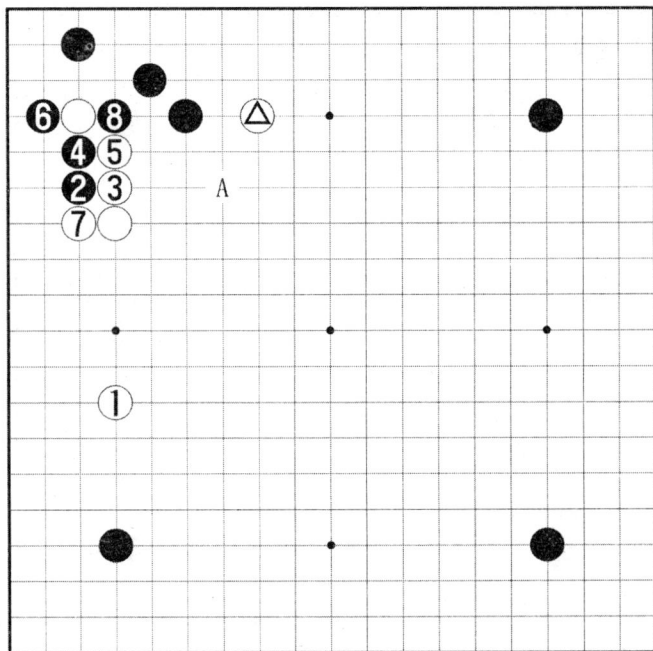

参考图一

本谱白 5、7 低围，恰恰使得对方可以打入的弱点被放大了。而如参考图一，白要形成大模样的时候，黑来打入的话，不是正中白下怀吗？参考图一中的白 1 以下，在左边的模样还没有定型之前，白实利上稍稍让出一点也不可怕，捕捉这种感觉正是布局的灵魂。

定式的质疑

所谓定式，大多数人都相信，那是很久以前，先哲所步出的规范的棋理道筋。实际上也确实如此。但我认为，在尊重定式的想法当中存在重大误区。

定式，确是局部完成之形，是全盘的一部分，又与其他部分紧密关联，指向理想着点的有机体。

在儒教的精神中，"修身，齐家，治国，平天下"的说法，其根本是错误的。

先造就一个个完整理想的个人——儒教称之为圣人——然后集合起来成为完整理想的国家。

也就是说，这种由理想的个人所组成的理想的国家，犹如马赛克一样，由五彩斑斓的各种艺术素材堆积而成的沙山。我们日本则完全不是这种美丽而松散的沙山，而是像年糕一样，每一个体都与其他个体紧密黏合在一起，成为一个整体。

围棋的道理亦是如此，那种完璧无瑕的局部并不存在。我们不该受这种儒教教条的束缚，局部与局部有机地组成了一局完整的棋的思想，这才是新时代的围棋。

一个新的社会主义新中国的围棋，一定会出现新的围棋发展的新思想，我个人抱着强烈地期待。

不可能更多地去进行这种讨论，不过是因为本局左上角出现的定式，有了这样一个说说的机会罢了。

回到本谱，对于白9，黑10夹击的方向是正确的。为什么这样说呢？就是因为左边的白7拆，对左下角星的自由发展已有所抑制。

第二谱 少年气锐的积极行动

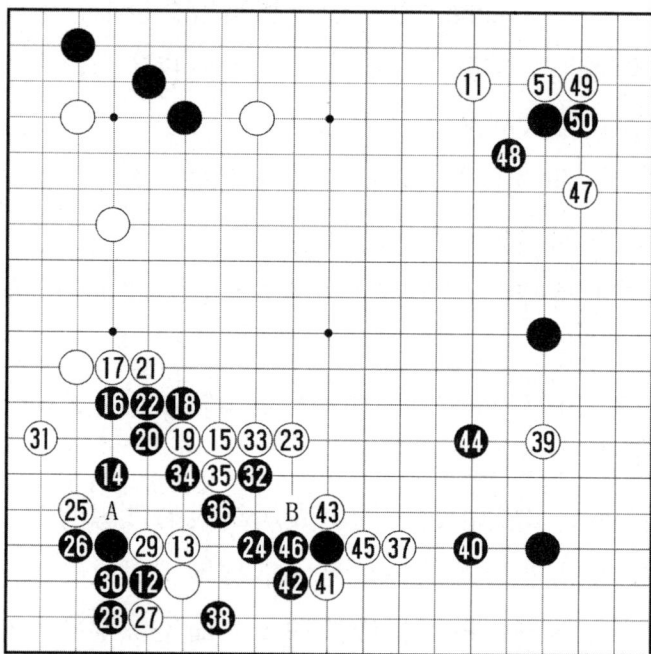

第二谱 11—51

白 17 的贴，我不赞成。白的这种形状已经是"兄弟打架"，其结果是，若是这一方向获利，另一方向就会有损失。

白 17 应如**参考图二**的白 1，这才是抓住对方的根本要害进行反击的形。黑如果在 2 位虎的话，白则先在 3 位刺，黑由于棋形不整而措手不及。

接下来的白 19 也是怪异。因为白先前已在 13、15 强化，再在这样荒凉的地方下子几近单官，效率实在是太低了。

黑 20、22 接牢就很充分了。左下方对白的迫力已然大不一样。此地清楚地感受到沈少年那少年气锐的积极意志。

白 23 以外似没有其他手段。白 23 这样被黑追赶实在是不堪忍受，无奈。此时的白 23 是否是唯一正确的下法不得而知，但我确实可以断言，左下方白棋的行动滞重。

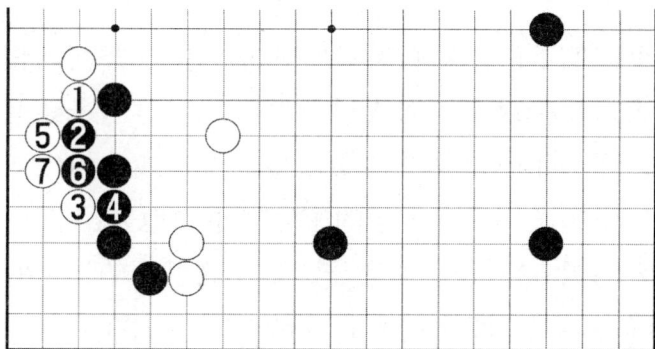

参考图二

黑 24 比前面的黑 20 更加积极，包含着后续的狙击。

白 25 是对黑 24 没有更好的应对方法，菊池不得已所选择的转换之策。黑 26 不留恶味的下法，其善恶另论，沈少年真是令人敬佩。

白 33 的粘迫于黑的压力。如在 36 刺，在下方腾挪，瞄着将来 A 位冲上来，或许还能够保持一点活力。

终于，黑 34 一手将盖子盖住，棋也就下完了。白 25、27、29 以毫无效率地白白送死而告终。

白 35 还是不下为好，这样将 B 位刺的味道完全葬送了。

黑 38 沉着，真不像是位少年。

其实，这盘棋我并未能观战，该谱是由日中友好协会中央本部的春日嘉一氏（1977 年日本访华围棋代表团秘书长），在比赛完了之后，再度前往中国取回的。打谱之余，满胸之畅快，虽"一唱三叹"亦难尽。

不由我不继续"三叹"。

第三谱　严厉的黑52

对于少年的手段，我们来稍加检讨。黑52严厉。但是，俗话说压力越大，反弹越强，对人过分严厉之手对己未必就好。实战也是如此，黑为了吃这几个白子，将此作为战斗的焦点，不得不纠缠于此，脱离了黑白双方子的密度较小的地方。

接下来的黑62的飞，如果一定要在这里下的话，在A位一间跳才是正确的，因为即便是黑下了62的飞，白在63挤与黑64交换后，将来还有B位扳的利用，△这子已经变得很轻，黑62进攻的意义全无。

而且完全没有必要把右上星位的三子看得那么重，那是已经被白三三打入过了，不会再受到有多厉害冲击的轻子。

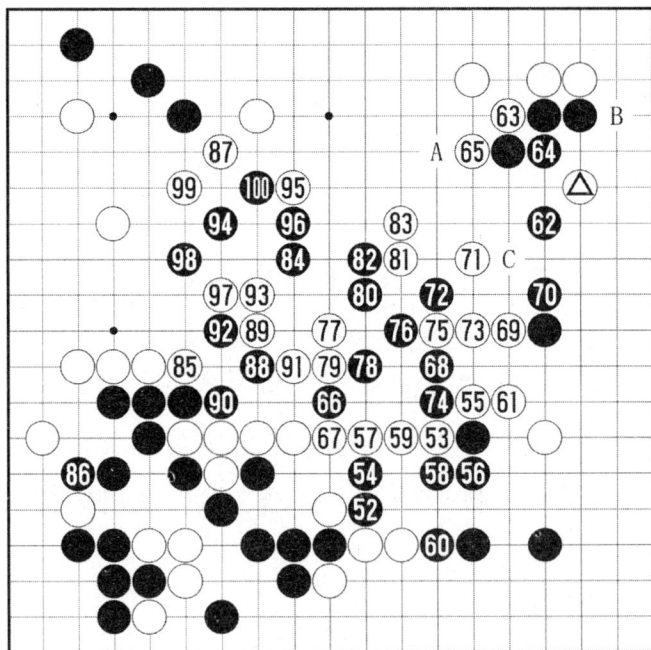

第三谱　52—100

此时点的黑62，与黑角上三子相关的下法是缓招。与其重视右上的这三个黑子，还不如重视右边星位的这子。

此场合，黑 62 应如**参考图三**的黑 1，先占据黑白双方攻防的要点，然后再下在实战谱的 A 位，也就是参考图三的黑 7。

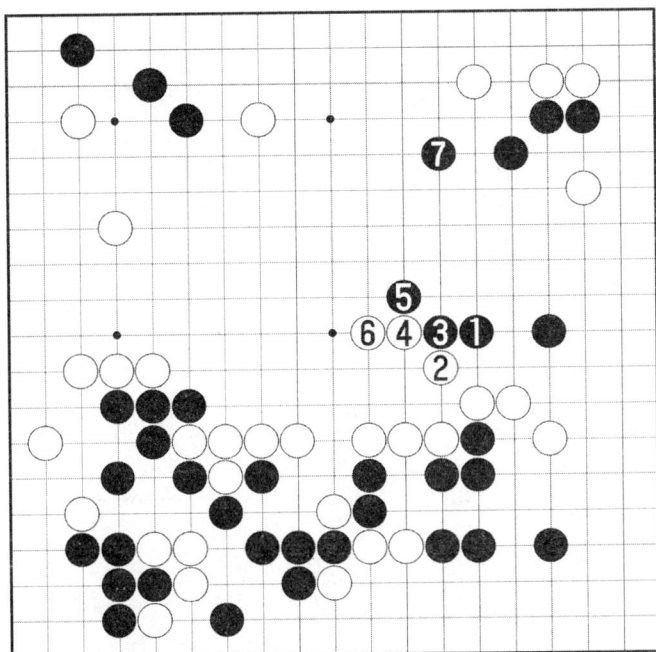

参考图三

黑 66 好手，以下的黑 68 有些过分吧，如果单在 73 的要点跳的话就不会有问题，对于黑 66 之后有些任性的 68，白可不一定会那么听话地应。白 79 顶十分严厉，但味道也极恶。

至黑 84，再想捉住黑就很难了。白 83 太软，无论如何也要在84 位罩，此外别无选择。右边还有 C 位的利用，83 这个着点并不重要。

第四谱　社会主义围棋的实体

白3、5靠不仅仅是取官子之利，还准备着转换。黑毫不松懈，竭尽全力战斗。

黑26是必杀之筋。

白71为止，虽做劫成功，唯劫材不济而功亏一篑，不得不推枰认负。

菊池叹道："三子完全不成棋了！"

一局棋可以总结出真理，我从沈少年的这局棋中感悟着中国社会主义围棋的实体。诚然，围棋不过是一种游戏而已，但也不能因此就等闲视之。沈少年如战士临阵一般认真下出的这盘棋，其可怕的迫力，让我颇感如芒在背。

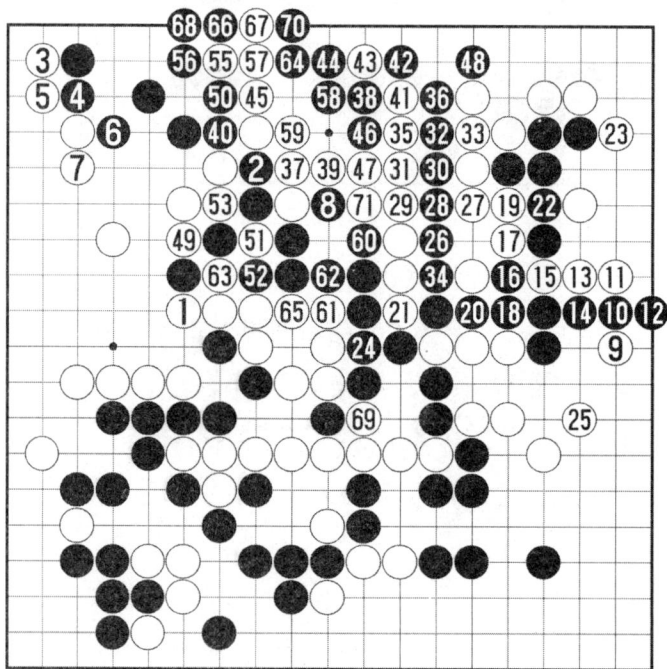

54=51　　　　　第四谱　1—71（101—171）

中国围棋少女成长——芦田矶子·孔祥明

众所周知，在中国，基本的劳动条件，政治的参与，男女是完全平等的。所以在围棋的世界里也不例外。中国的男性和女性参加围棋活动是完全平等和自由的。

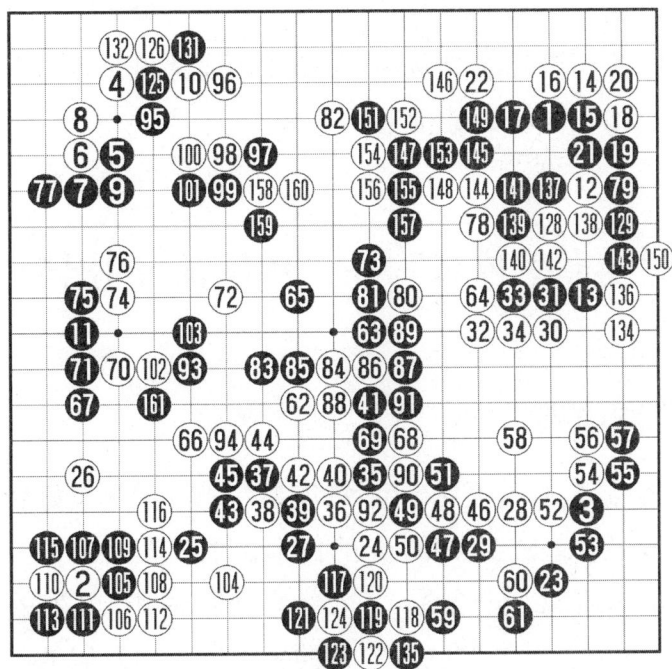

127 133 = 119　130 = 124　　● 孔祥明　○ 芦田矶子

1976 年 4 月　共 161 手　黑中盘胜

而且，中国还特别鼓励女子参与围棋。1962 年，中国学日本也开始试行段位制，最高陈祖德、吴淞笙被授予五段，仅有一位女子棋手魏昕被授予初段。当然中国的女棋手也是为数不多。但是现在中国的少年少女们参加的文化活动中，女孩子下棋者连年激增，令人惊叹。

现阶段，无论怎么说女子的水准较之男子还是要差一些，但只有一人例外，她就是今年①十九岁的少女孔祥明，1976年来日，创造了七战全胜的纪录。现在的孔祥明，在日本的职业女棋手之中，如果不是具有相当的实力者，是很难与她对阵的。

孔祥明出生于盛行围棋的四川省省会城市成都。与先辈黄德勋、陈安齐经常对局。

此处就是孔祥明1976年来日时，与关西棋院女流芦田矶子初段的一盘对局。

芦田是关西棋院洼内秀知九段的门下，十几岁，刚刚入段。就本局来看，比孔祥明还是稍逊一筹②。

"变形三连星"——"中国流"的出现

"中国流"的出现

现在按照惯例，中国和日本每年都互相派围棋友好代表团，说起来，事情还要追溯到1960年的日本访华代表团。

当时的陈祖德、吴淞笙、王汝南等都是刚刚十几岁的少年。中国围棋，是震惊了世界的欣欣向荣的新中国迅猛发展的一个侧面。

他们来日的时候，每次都要请日方给予技术方面的讲座。

主讲者有高川秀格、坂田荣男两九段，还有村岛谊纪等日本顶尖一流棋手，我也有幸担当了一回。

当时，在日本全国兴起组织业余围棋联盟，我们在东京成立了"东京业余围棋研究会"。成员有菊池康郎、村上文祥、原田实

①1977年。
②中国选手成绩表见本书190页。

等，我也在其中。每月一回的真剑对局，在我的东京围棋会馆（东京都港区新桥）进行。

就在这个"东京业余围棋研究会"，由我最先提倡，会员菊池康郎、原田实（三人而已）也同样使用这种手法——"中国流"布局。

当时，中国棋手访日时，我为他们讲座的内容就有**图一**，为对付左边白的二连星，力推黑5、7的有力结构。

这种新说，是对从来的、绝对不可动摇的"缔角"布局理论，投下了一颗重磅的"革命"炸弹。日本围棋自德川初期以来凡三百年，"缔角"价值极大说已成定则，这是唯一的异议并非言过其实。

只有一次例外，那是在昭和初期，木谷实、吴清源所提倡，由我做成的一个新体系，木谷、吴、安永三人共同署名的《围棋革命新布局法》的第一卷，提到过有关"三连星"的构想，即如图白2、4、6的手法。

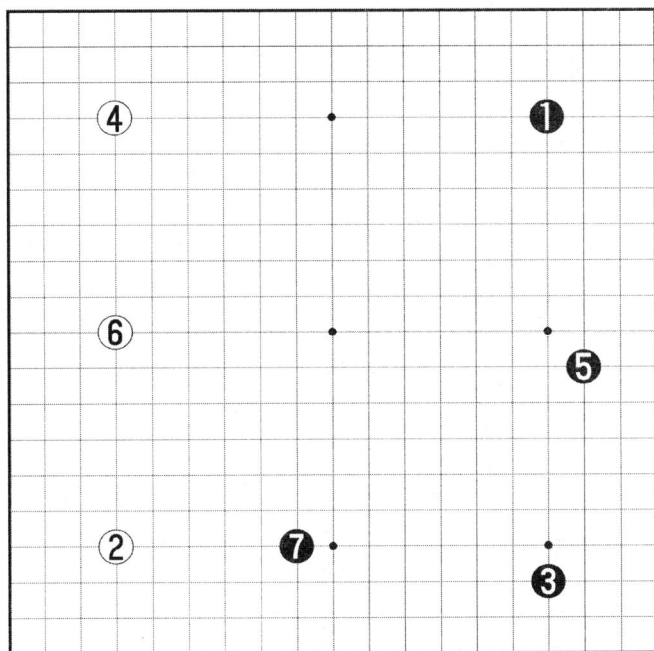

图一

中国棋手访日回去后，将我的图一内容向中国其他棋手做了介绍，那个时候，中国棋手并未发表任何意见。正是因为日本围棋正处在绚烂夺目的时代，而从日中交流的成绩来看，中方还处在学习阶段。

但让人感到惊讶的是，第二年，与中方对局的时候，正式比赛的第一回战，执黑的中国棋手全员使用1、3、5这种手法布局。我的"超新布局"构想，成为有趣的、中国棋手步调一致的实践。

此后数年，在以岛村俊广九段为团长的那次访华比赛中，多数中国棋手对岛村都使用了这种新手法，令他颇感困惑（彼时岛村的成绩几近全胜）。岛村回国之后，也在各种棋战中使用该手法。

于是，这在新闻棋战中逐渐被人称之为"岛村流"，或者"中国流"。这便是这一布局名称的由来。对此，我心里多少也有点失落的感觉，真相正如所述。

下面我们从三个方面谈谈"中国流"。

1. 如**图二**所示，右下角的缔角，不是在通常的 A 位，而是提倡在黑 4 变相缔角，可惜后来这种下法并不怎么流行。右下角到底应该怎样缔角呢？我认为黑 4 比起 A 位来说更具均衡性。

2. 下边▲的展开，既然准备要黑 4 尖来缔角，自然就要比 B 的星位更前进一步。由于下边黑扩展得过于宽阔，这一手也很少见追随者。

但是，即便是如此，我仍然坚持认为，星 B 位与▲相比不见得胜出。

3. 近来，也被称为"中国流"的**图三**，比当初 A 位再高一路的黑 1，与原来的"中国流"并行，而且这种下法有逐渐增多的趋势。这个形，其实也是我在"东京业余围棋研究会"上最先提倡的，会员多有赞同者。

请看**图四**与图三的差异。图四中黑的配置是典型的"中国流"。白 1 的镇，是在追究▲所处的低位。对黑上下两边起到一石二鸟的侵消的效果。

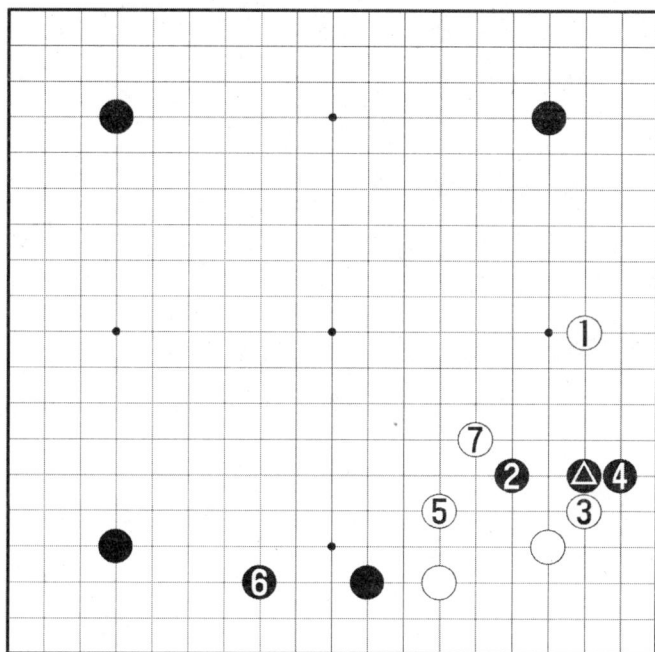

图二

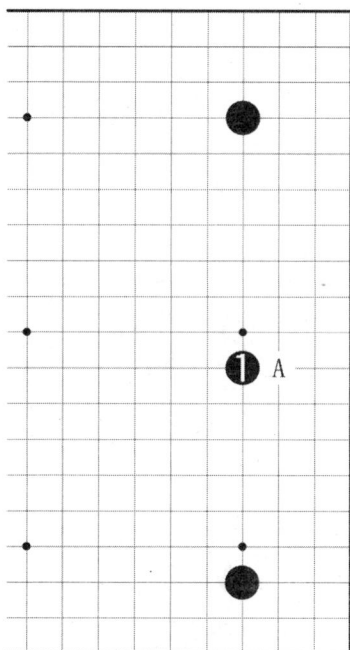

图三

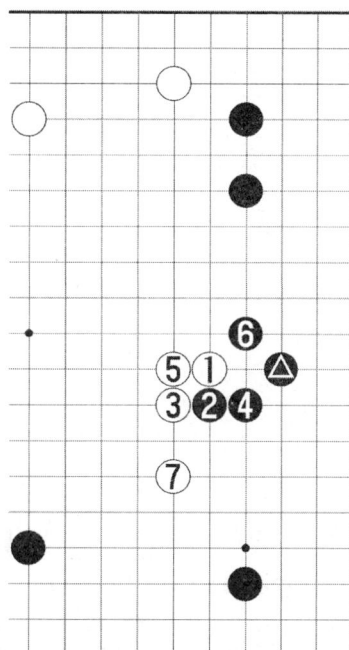

图四

187

针对此一可能性，⚠移上第四线高位，之后如**图五**，白对黑上下都想成大模样的想法，在白1、3挂，以及以后的定型就可以阻止。

无论白从哪一方侵消，⚠一子都处于要冲，白侵消之子的策动将受到严厉的限制，例如图五白1以后的手顺，黑顺势轻易地收拢上方。

因此，当⚠处于图四的低位时，白有白1以下侵消的手段，如觉得讨厌就可以选择图三，将⚠一子置于高位，这便是变形的明确说明。

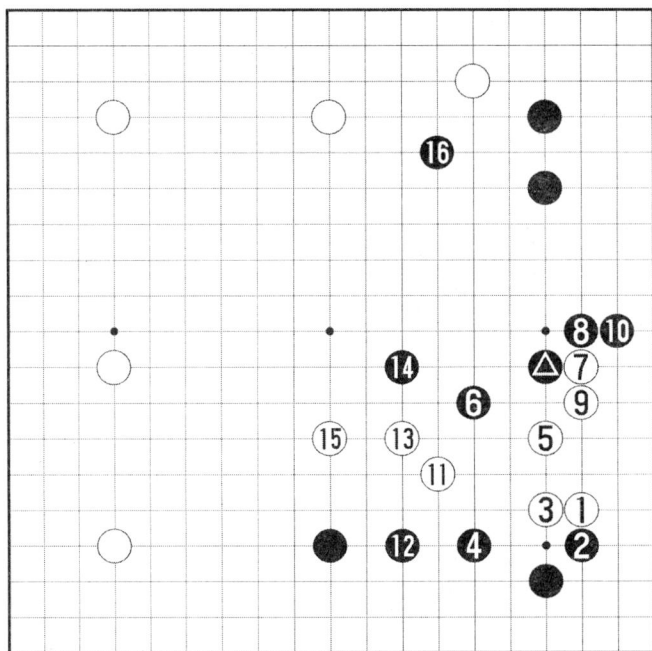

图五

这其中的种种意味只有在实际对局之中才能真正感受得到。而正确地理解"中国流"才是今天"中国流"存在的生命所在。

自1962年中国棋手访日至今，已近二十年了。今日的新星聂卫平以及其他棋手的下法已有了变化。从根本上来说，就是从日本传统的"偏重缔角"的习惯中脱离出来。

亦请各位留意，所谓"偏重缔角"，就是缔角对于角部来说具有绝对的意义，这是孤立而言，与其他部分的关联性很薄。

这是新的围棋思想：现时的着手应该具备有机之相互关联，也就是说，现在盘上已有的黑白各子，一方的长所则另一方必为短所，对此有充分的认识和适当地运用，才能形成一局好棋，正如社会主义国家形成的道理一样。从正反两方面去理解围棋，这才是围棋的唯一真理。

一局好棋，并非是由各自独立不相关联的局部，像马赛克一样集合而成，也不是像堆积沙砾形成的沙山，而是像年糕一样不可分割，紧密相连的一个整体。

这一思想，在昭和初期就有了一个历史性的大开花。前面我们已经提到过，木谷实、吴清源两位天才发明了"新布局"并付诸实践，我则将其发想整理及理论归纳，最终形成了"新布局"的完整体系。

"中国流"，在社会主义的中国被接受和使用，这个名称则是由日本方面所创作，被特别称之为"中国流"，如此说来也是恰如其分。

"变形的三连星"，与三连星极为相似的这一下法，就谈到这里了。

中国选手成绩表

姓名	第1局 北京 4月14日	第2局 北京 4月16日	第3局 武汉 4月20日	第4局 武汉 4月22日	第5局 扬州 4月25日	第6局 南京 4月28日	第7局 上海 5月2日	胜负
聂卫平	负桥本	胜佐藤	胜石田	胜桥本	胜东野	负石田	胜石田	5胜2负
陈祖德	负东野	胜家田	负桥本			负佐藤	负家田	1胜4负
吴淞笙	和石田	和桥本		负东野		胜菊池	胜佐藤	2胜1负2和
王汝南	负家田			负佐藤		和东野	胜桥本	1胜2负1和
黄德勋	负佐藤			负石田	胜菊池			1胜2负
孔祥明	胜井上			胜家田	负石田			2胜1负
江鸣久	胜菊池				负桥本		负东野	1胜2负
华以刚	胜三浦	负石田		胜井上	负家田	负桥本		2胜3负
沈果孙		负东野	负家田		胜井上			1胜2负
何晓任		胜井上				负三浦		1胜1负
陈志刚		负菊池				负家田		2负
程晓流		胜三浦						1胜
罗建文			负东野		负佐藤			2负
王群			负佐藤		胜三浦			1胜1负
陈慧芳			负井上			胜井上		1胜1负
徐荣新			负菊池					1负
杨以伦			负三浦					1负
刘乾利				菊池负				1负
陈嘉锐				三浦负				1负
何小光							胜井上	1胜
杨晋华							胜菊池	1胜
邝鑫							胜三浦	1胜
胜负	3胜4负1和	4胜3负1和	1胜7负	3胜5负	4胜4负	2胜5负1和	6胜2负	23胜30负3和

公开快棋对局　4月17日　聂卫平负东野　5月1日　陈祖德负石田

190

结　语
从强大的中国少年说起

在过去两三年的日中围棋交流对局当中，我们已经讨论了新星聂卫平那拔群的成绩。昭和五十二年（1977 年）的对战，聂取得了拔群的成绩（5 胜 2 败），可以确切地说，聂在与日本超一流棋手的对战中已经表现出了平分秋色以上的实力。

昭和五十二年的这次访华对战，不仅仅是聂取得了拔群的成绩，另外还有一个惊人的结果。

在这次访华团所规定的正式比赛之外，日方与中国少年的对局，日方的让三子棋以完败而告终。

成绩表如次：

这次对局有以下特点：

1. 这些中国的少年大致都是十到十五岁。

2. 棋历都在四五年，在中国各地的"少年宫"每周一次的围棋研究（学习）。从开始学棋到现在只有四五年，在与日本代表团的比赛中就取得这样的成绩。

日本	中国	
桥本宇太郎九段	杨晖（三子）	黑中盘胜
石田章七段	李青海 同	同
家田隆二七段	曹大元 同	同
佐藤昌晴六段	谢裕龙 同	白中盘胜
井上真知子三段	华学明 同	黑中盘胜
菊池康郎 7 段	沈光基 同	同
菊池康郎 7 段	华伟荣 同	同
佐藤昌晴六段	尉泽龙 同	同
井上真知子三段	周家柳 同	同
赤松正弘（记者）	张建东 同	同

以上的这两个特点与日本的情况相比，实在是难以令人相信。

如成绩表所示，只有佐藤昌晴六段胜了一盘，其余桥本团长以下，全都是被对方中盘击败。三子已完全不成棋的结果十分清楚。日本代表团完全甘心认输。

在日本，围棋被认为是很难学的，经五年十年专心努力地学习也没有多少长进的情况很多，而中国的少年们，从开始学棋只经四五年就能达到如此的程度。

那么原因何在呢？

我就以这一问题作为焦点，进行以下的分析和检讨。

为此，我们先来分析日本从来的"围棋进步法"。

"围棋进步法"的矛盾

到底怎样才能使棋力长进呢？这对任何人来说都是一个难题，因为围棋确实是太难了，进步绝非易事。但是，又有完全相反的一些例子，经常会听到有人说，某地的孩子赢了大人。就如中国的这些孩子们，学一两年，比起大人们学五年，甚至十年进步得还要快。这种情况下有人会做出"那孩子是围棋天才嘛"这样简单地结论。这样的例子这么多，就这样简单地以"天才论"应付是不行的。确实，孩子们的感受性是丰富的，记忆力也强，能够迅速进步是符合道理的。

我认为，应该指出，感受性过低，正是造成大人们不能进步的原因。

大人们的学习方法，首先是从原理开始，然后从原理推出适用于一般的下法。现在的日本，只要哪个地方围棋开始盛行，那个地方围棋书的销售就一定会大大地增加。其中大部分是定式书。

这种拼命地死记硬背定式的人，又被叫做"定式记忆万能型"，不可思议的是，这些人当中棋力强的并不多。所以说，要想真正进步，死记硬背定式这种方法肯定是不行。

要想解决进步这个问题，在各种办法当中，唯一有效的是："拜高段棋手为老师。"

也就是向高段棋手多多请教，还要到附近的棋会所和各种各样的人对局。这样才可能进步。

"安永老师啊，我公司的专务，又年轻，又聪明，特别喜欢围棋。正巧和我在同一棋会所学棋。专务很忙，闲暇时间很少，每周一次向棋会所的老师学习。一年前，我们两个都是被高手让九子，可是现在我要比他强三四子了。有这样奇怪的事哦，真是不可思议。专务的头脑很好用，在公司闲暇的时候总是热心地在读定式书。而我和老师下棋的机会一次也没有，总是在棋会所和周围的人噼里啪啦地下，反而变强了"。

这个例子就是我的邻居。这个很重要的事实说明了进步的捷径：直接向上手学习，还是向书本学习的方法，这里有很多问题需要探讨。

到底围棋应该如何进步，我归纳要约如下：

1. 拜良师学习最初的基本道理。

2. 牢记基本的布局与定式。

3. 尽量找上手下，和下手下也不下恶筋。

4. 对局时，要花点时间考虑之后再落子。

那么，让我们来看看怎样向良师学习最初的本筋。现在的日本，真正称得上是良师的是那些名人、上手、高段者，这些人大多在东京、大阪、名古屋这样的大都市。而真要直接请这些人指导，费用是很高的。这样的高手，在全国数百万的棋迷当中不足百分之几。如果只有向这些特别的人学习围棋才能进步的话，那么围棋就成了特殊阶层的一种游戏，而不是一般大众的游戏了。

正如我刚才举过的那个实例，在自己家的附近去寻找那些比自己强，哪怕只强那么一点点的人就够了，这样也比那些似乎在跟老师学习，其实什么也没有学到的要好。这就是有些人一直在跟着老师学习可怎么也不进步的原因。

上述第一条，拜良师学习所存在的矛盾我想已经十分清楚了。

下面我们来看看"尽量找上手下，和下手下也不下恶筋"这一条。

图一是一盘三子局。在这里，请各位把自己作为白棋的一方，让对手三子。

白 1 黑 2 白 3 都很好，当黑 4 逼过来的时候，各位会按照定式的下法，下在白 5 这里守角吧。然后下到黑 10 为止，像这样照定式书所教的方法下的人一定不少。

图一的白 5，其实下在图二白 1 对⊿进行夹击，这种下法也不错。

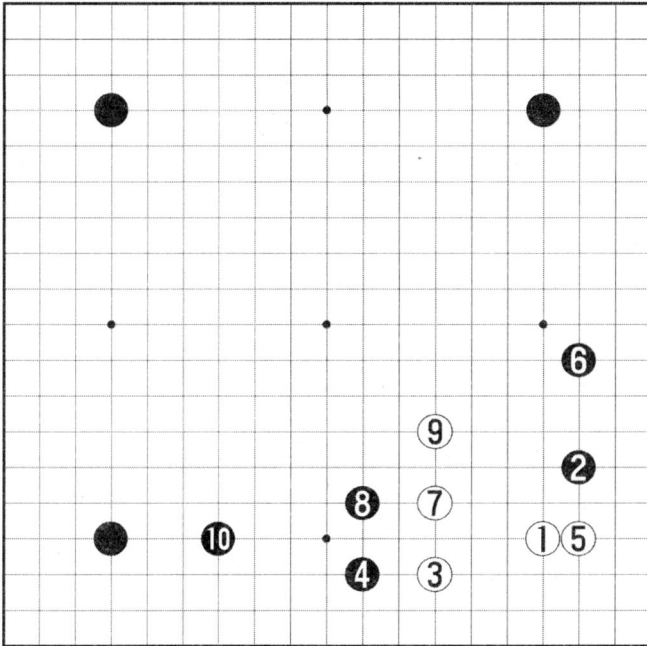

图一

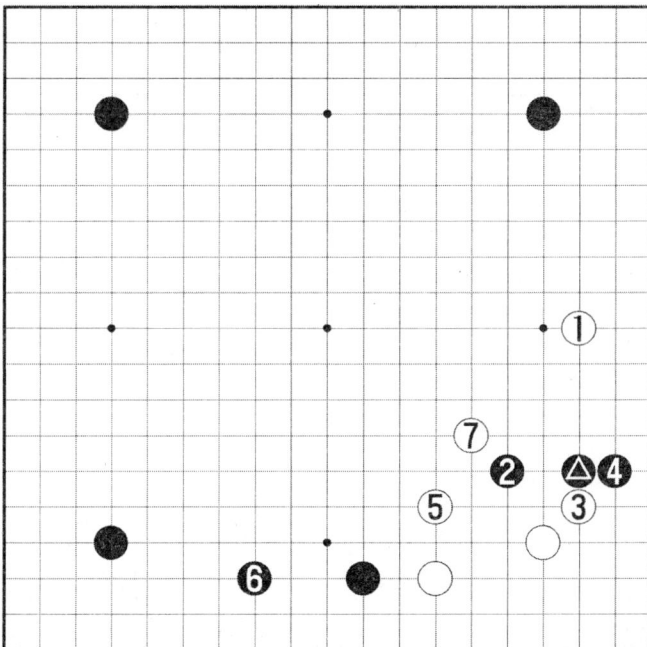

图二

以下至白 5，黑 6 防守的话，白 7 飞罩与白 1 呼应，对右边黑棋形成攻击，这才是真实的、活生生的围棋。

围棋，往盘上下子是要凭着自己的判断。不论名人上手是怎么说的，定式书上是怎么写的，我认为现时点就要下自己想下的棋。

这就是围棋有着创造快感的原因所在。

中国少年这一方

图三是本次访华日本棋手与中国少年的三子局实战谱。白 5、7 靠退，瞄着 A、B 的手段。少年凭着自己的思考，下出了黑 8 并，同时消去上下两个断点。凭我多年的棋历，黑 8 我从没见过。黑 8 好坏另论，但其思路，堪称典范。这少年能涉足前人所未到，可喜可贺。

如果是"定式记忆型"的那些人的话，黑 8 下在 C 位，或者是 A 位的话，那么这手棋也许就不是自己的判断了。

始终要保有自己的独立判断，这是围棋进步法中至关重要的。

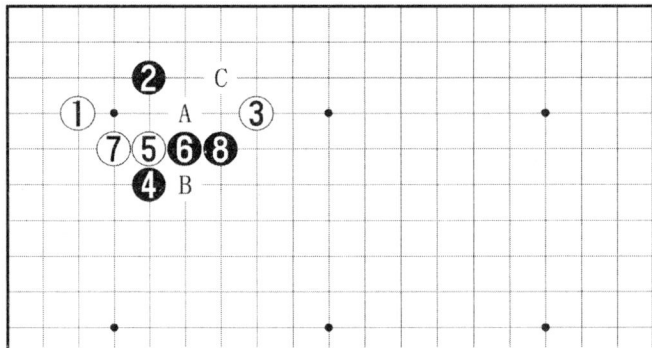

图三

我认为，不管是哪位名人上手下过的棋，我们都要有"造反有理"的评判精神，都要经过自己的批判的思考。对那些权威的既定的下法，要把批判的、创造新天地的重新思考与判断，作为自己参与围棋的最高目的。

在这方面，日本的名人大家的商标名头不断地被更新换贴。当然，即便是这样，大众对权威的盲从亦不绝。

以中国国土之辽阔，即便出现了像聂卫平这样杰出的棋手，一般大众也是接触不到他的棋的，所以那种毫无用处的权威，也就不会产生出来了。

就这一点，与日本少年相比，中国少年要幸运得多。

这正是刚刚学棋四五年，还不到十五岁的少年们，授三子对日本的既定权威们所取得压倒优胜成绩最重要的原因。

中国的围棋是年轻的，这里并不是仅仅指年岁，更重要的是思想的年轻，思维方法的年轻。日本的既定权威们继续如此浑浑噩噩下去的话，也就只能担负围棋进步的"反面教员"了。

值得尊敬的老朋友

我认识安永一先生是在 20 世纪 70 年代，那时他的年龄已经很大了，但是他对围棋的热情还是丝毫没有减退。记得 1979 年第 1 届世界业余围棋锦标赛上，我们还正式交过手，而那时候他已经将近 78 周岁了，他对围棋的挚爱可见一斑。

安永先生在日本棋坛可谓是个特立独行的人，甚至是个有一定争议的人，棋风也非常独特，有"安永流"的说法。

由于语言不同，年辈有异，我和安永先生的直接接触非常有限，但是也可以充分体会到他对中国的友好、对中国围棋发展的关注和关心。

几乎每一次中国围棋代表团访问日本，安永先生都要自己出钱宴请我们全体代表团团长、棋手、工作人员等一行十个人或者更多，而在日本，这样的宴请花费着实不小，印象中安永先生的家境比较好，或许是因为他有大量著述吧。当时日本棋界也有对华友好和不那么友好的阵营划分，而安永先生毫无疑问是在友好的阵营当中，而且还是代表性的人物。事实上，安永先生还发挥自己的影响，在棋界内外做了大量的对华友好工作，他曾经是日中友好协会的常任理事。

除了宴请中国访问日本的棋手之外，安永先生还曾经多次来到中国，对中国的小棋手们更是倾其所有，热情指导。虽然由于实力所限，他不可能像藤泽秀行先生那样对我们这些中国一流棋手在技术上有更多帮助，但对于他的热情，我们的感受是非常强烈的。有趣的是，一样也是特立独行、有所争议的，一样是对华非常友好的秀行先生，虽然和安永先生年纪相差了二十多岁，两个人却是非常好的忘年交。

在三十多年前，安永先生就预言中国围棋将会崛起，并赶超日本，当时能够看到这一点的日本棋界人士，简直是凤毛麟角。不可否认，安永先生有这样的预言，一定程度上也是因为他对中国、对中国棋手友好，从心底盼着我们进步，他的远见卓识非常值得钦佩。

当然，正如前文所说，由于技术水平的限制，在安永先生这部著作中涉及技术评论的内容未免有值得商榷的地方，但是小瑕大瑜，他的历史和文化眼光，他对中国围棋发展历史的独特分析，已经充分体现了他的学识和水平。

书中有很大的篇幅提到了我，对于一个黑龙江务农的知青能够在访日时有上佳的战绩感到吃惊。这也让我想起了当年，黑龙江务农的那段时光确实是宝贵的，对于习惯了在北京的小胡同中穿行的青年而言，那里的天地之广阔简直是无法想象，这对我围棋的进步，乃至我一生的成长都有着巨大的帮助。

时光荏苒，插队的岁月已经是三十多年前的事情了，而安永先生故去也快二十年了，但是他的音容笑貌却犹如眼前——他是一位值得中国围棋人尊敬的老朋友。

追忆安永一先生

安永一先生已经仙逝很多年了，可他的高尚人品、罕见棋才、杰出贡献却永远留在了无数专业和业余棋手的心中。他虽然放弃了做专业棋手、争夺功名，可他不输于同时代专业棋手的棋才却是众口一致的，无数成名的专业棋手都受过他的指导，就是吴清源老师和木谷实先生开创围棋新世纪的"新布局"，也是他从理论上论证了此布局的合理性和优越性，在杂志上大力宣传和推广，使"新布局"迅速在日本流行起来。要说到安永先生在围棋上的贡献，有太多太多的文章，大家可以去浏览阅读。

安永先生对我来讲，不仅是著名的棋界老前辈，更是一位和蔼可亲、可敬可爱的老爷爷。第一次见到安永先生，应该是1974年我们去日本访问比赛时，不知是我猛冲直撞的棋风，还是我不服输的劲头儿，一下子就得到了安永先生的错爱。他为记住我名字的发音，发明出了一个窍门，用打喷嚏发出"孔"的音来，后来只要一见到我，他都刻意去夸张地做个打喷嚏的样子，引得大家哄然大笑，却使我羞红了脸。

在棋上安永先生也给过我很多指导，给我复盘，跟我下快棋，我自认是下得不慢的了，可他还一个劲儿地催我快！快！快！不让我有一丝的考虑时间，就是为了锻炼我的第一感。在落子如飞地应接中下出最佳的选择，是一个很好的训练方法。祥明不才，最终未能实现先生对我在棋上的期望，但先生对我的关爱一直温暖着我的心。

1994 年 10 月 2 日，我应邀到日本关西伊丹市参加纪念安永一先生的座谈会，我从东京专程赶了过去。听着大家此起彼伏的发言，脑海里不断浮现出先生的身影，尽管先生身材不算高，却总显得很魁梧，头很大很圆，脸也很大很圆，充满了慈祥，大大的眼睛一笑就成了一条缝，弯弯的眉毛上还有几根长长的白眉，嘴不动都似在笑，如果挂上一根拐杖，再捧个寿桃，与那老寿星就一模一样了，让谁见了心中都充满温馨，充满了对坎坷人生的乐观……

时光如梭，一眨眼十多年过去了，借安永先生《中国的围棋》中文版出版之际，寥寥数语，谨表对安永先生的缅怀和思念。

一个特别的人

提起安永一先生，我的印象是非常深刻的。

我是七十年代末开始参加中日围棋交流，1980—1988年，每年都是访日围棋代表团的团员，而几乎每一次中日交流，都能够看到安永先生的身影。

记得每一次我们到日本，安永先生都是携家人亲自到大阪新干线的车站来迎接我们，哪怕抽不出时间，也要事后宴请所有的中方棋手。在我们所接触到的所有日本棋界人士中，可以说安永先生是对我们最为友好的。

安永先生的头很大，配上不那么整齐的头发，很像是一头狮子，不说话时的确很威严的样子。不过，他一旦开口，就完全是另外一个人了。安永先生喜欢笑，他的笑声特别地响亮和爽朗，而且他的言语也特别幽默，虽然我那时候日语很差，不大听得懂，但是常见他话音未落，在场的日本人，包括翻译，就都笑成一片了。

那时候我们几个年轻棋手（马晓春、钱宇平和我）在一起谈论安永先生时候说："真像一个小伙子，有朝气、有精神。"

棋盘上的安永先生也是很厉害的。

那是在第2届世界业余围棋锦标赛上，安永先生对王群的一局棋，给我留下很深印象。猛一看，局面似乎王群的优势明显，但王群对自己还留有一个重大隐患却浑然不知。棋局一直到了收束大官子的时候，安永先生突然发招，王群再无回天之术。先生能一直引而不发、潜伏忍耐，真不愧是"老谋深算"，着着实实地给年轻人上了一课。

正是那一届比赛，安永先生获得了第三名，而当时他已经是七十九岁的高龄。

总之，安永先生是一个非常特别的人。他的人，他的棋，他一生的所作所为都是那么与众不同，那么引人注目。《中国的围棋》也如安永先生本人一样，是一部特别的著作，一部从日本围棋人的视角观察中国围棋，却不时会有闪光之处，引起中国围棋人深刻思索的著作。

难忘的记忆

中日建交不久——1973 年的春天，我有幸和钱宇平一起与日本著名围棋大师安永一老先生下指导棋。

在上海和平饭店（当时中国刚刚打开外交大门，有很多在上海的外事活动都在这里举行），我和钱宇平并排，安永先生同时和我们下让子棋，让钱宇平 3 子，让我 4 子。钱宇平当时 8 岁，我 10 岁。

安永先生给我留下很深的印象，白发苍苍，头很大，敏锐的目光中流露出更多的是和蔼和慈祥。

对局开始了，安永先生的棋下得很快，我和钱宇平感到那种紧迫的压力。棋局也渐渐进入复杂的中盘计算，钱宇平不得不开始长时间思考，安永先生为了不给我们造成额外的心理压力，和翻译的说话声都压得很低。钱宇平有一步大约想了 40 分钟，安永老先生一直静静地耐心等待，后来竟坐在位置上睡着了。留下了中日围棋交流的一段佳话。事后，《人民中国》详细地记录了当时的场面，这次的经历给我们留下了难忘的记忆。

后来我逐渐走上了职业围棋的道路，安永先生的事迹在我的记忆中不断地得到充实。他与木谷实、吴清源三人合著的《围棋革命新布局法》，开创了近代围棋的新理念。他对中国围棋、中国围棋史、中日围棋文化发展史都有着深邃、精湛的研究。《中国的围棋》，就是他的研究成果，对我们中国的围棋有很大的贡献。

安永先生和秀行先生一样是最受到中国围棋人尊重的两位日本前辈，他们为中日友好所做的努力，为中国围棋事业所做的贡献我们是永远不会忘记的，同时也激励鼓舞着我们为中国的围棋、世界的围棋继续做出自己更多、更大的努力和贡献。

华学明

幸　福

　　第一次，也是唯一的一次见到安永一先生大约是三十年前。

　　那是夏末的一天，我和另两位小棋友在老师的带领下来到了北京新侨饭店。我是第一次进这么豪华的大饭店，三个小朋友左看看右看看，一切都显得那么新奇。有人带领我们来到了一间客房，出来迎接我们的是一位日本中年女士，紧接着从里间走出一位满头银发、慈眉善目的老爷爷，颇有点儿仙翁的味道。不用说，他一定就是专程来中国辅导小孩子下棋的安永一爷爷！那时候，我们只知道他是大高手，至于厉害到什么程度对围棋有多大贡献，全然不知。刚刚接待我们的那位女士是他的女儿，听说他们父女每年都自费来中国指导小棋手，这几乎成了"定式"。

　　客厅已经摆好了三块棋盘，安永一先生安排我们坐下。他慈爱的表情、温暖的话语令我们放松了些。尽管如此，对局开始后，我们三个的眼睛还是紧紧地盯着棋盘，紧张得连大气都不敢出。那时候，能获得日本高手指导的机会太难得了！印象中我被让三子获胜。局后，安永一先生还给我们做了细致的复盘讲解，获益匪浅。对我们这样的小孩来说，这是多么大的鼓舞啊……

　　后来，随着我长大成为职业棋手，听到了越来越多地关于安永一先生的精彩故事。他三十岁的时候，和吴清源、木谷实合作研究"新布局"，打破了陈旧观念，开启了"现代围棋理念及技术革命"。先生以两位围棋天才的创新实践为基础，研究出新的围棋理论，著成巨作《围棋革命新布局法》。这本书不仅轰动了日本棋坛，也深深地影响着世界围棋的走向，直到今天仍然是围棋人和广大围棋爱好者的最爱。有人曾这样幽默地比喻：安永一堪称是一位大师级的烹饪高手，在新布局研究期间，由吴清源提供新鲜的"鸡蛋"，木谷实则提供刚刚采摘下来的"西红柿"，然后请安永一这位"顶级烹调大师"制作成"绝世的美味佳肴"——"西红柿炒鸡蛋"。另外，还听前辈们讲过他教训坂田荣男的事。坂田年少时，曾经因为前辈复盘时他插嘴而遭到安永一先生当众扇巴掌的窘事，事后，不仅乖乖认错，而且很多年后还会当众承认那确是不可多得的教诲。由此可见，安永一先生在日本围棋界的权威和地位。

可是，后来又有人对我说安永一先生一直是一位业余棋手！这可真是一件令人纳闷的事。业余棋手竟然能和围棋大腕一起引领世界围棋新潮流？竟然写出那么多有影响力的专业性极强的围棋著作？竟然在职业围棋界，有着不亚于甚至超过很多超一流高手的崇高地位？他到底是个什么样的传奇人物呢？

2010 年，围棋天地杂志开始连载安永一先生著的《中国的围棋》。从这本书里，我似乎找到了答案，也认识到了安永一前辈更广阔更深层的另一面。原来，他不仅是围棋高手，还是一个史学大家，一个研究中国历史、中国文化史，特别是对中日围棋史、中日围棋文化交流史情有独钟的大学者！从围棋的起源到围棋在历朝历代的发展，从古代围棋到现代围棋的特点，从中日围棋文化各自的演变与比较，他都脉络清晰地一一进行全面地阐述，以及精湛的分析和研究。

他对中国古代围棋那种凌厉的攻杀、精确的计算给予了极高的评价，但对座子制延续上千年，始终未能有所突破而感到不可思议。其实，老先生的疑问何尝不是我们的疑问呢？这个问题何时能解？谁来解？这是读了安永一先生的书之后所留下的无限遐想……

前些天，我曾就古代座子制的一些问题请教程晓流老师，顺便聊到了安永一先生。听说我小时候接受过老前辈的指导，程老师惊讶极了："不可能吧！怎么可能呢！"得到我的肯定后，他不禁感慨："哇！你赶上了尾巴！你实在太幸福了！"是的，能够有幸得到过安永一先生的指导，能够领略他的大家风范，能够拜读他的大作，我当然是幸福的！

好东西一定要请大家一起分享，如果你还没有读过《中国的围棋》，那么就和我们一起来感受那种幸福吧！

安永一印象

有幸拜见安永一先生，已经是三十年前的事情了。

20 世纪 80 年代初，为和日方合拍《一盘没有下完的棋》，中方编导到日本采访日本棋界。除我们提出的吴清源先生外，日本棋院还给安排了围棋史家林裕先生和安永一先生。采访林裕先生是在京都。可能是为了给我们节省时间吧，在大阪的安永一先生竟也专程赶了过来。八十高龄，德高望重，如此地礼贤下士，实在令人感动得无以复加。

老先生粗黑的眉毛，宽厚的下颚，一派凛凛大将之风。然而性格放达而又幽默，使我们这些晚辈初次交谈也丝毫不感到拘谨。在回答了一些有关中日围棋交往的提问之后，送给我们每人一本他写的《围棋百年》。厚厚的、足有五十万字以上。老先生大老远地背了来，我们赶忙致谢。可老先生不在意地挥挥手，转了话题："关西棋院正在进行本因坊半决赛，你们有兴趣去看看吗？"

哪会没兴趣？多么难得的机会啊！可时间已晚，合适吗？有什么不合适？走吧！

兴致勃勃的安永一老先生带着我们一行人，乘了近一个小时的电车，又乘了二十来分钟的出租车，走进关西棋院的时候，已经晚上九点多钟了。

一间不算大的和式对局室里，榻榻米上摆着两盘棋。盘腿而坐的本田邦久九段、桥本昌二九段面对屋门，一眼就认得出来。本田的对手只能看到背影，桥本对面的坐垫上竟空着。本田和他的对手一动不动地凝视着棋盘，像是两尊雕像。桥本将手中的折扇折来折去，一脸苦相，不时地微微摇着头——据说无论盘上形势好坏，他总是这副模样。有人甚至说这是他拿手的盘外招，可对面无人，又是使给谁看呢？我们一行人贴墙站着，不敢稍动，室内一片寂静。少顷，另一扇门开了，走进一位年轻棋士。哇！小林光一九段。

本因坊，最高规格的围棋比赛，各种新闻媒体沸沸扬扬，棋手内心世界扬扬沸沸，可现场竟是这样一番近乎静止画面般的情景。倘不是身临其境，无论如何也是想象不出来的。真得感谢破例将我们带进来的安永一先生。

随后，老先生将我们带到另一个房间，主动提出和我们下棋。编剧之一的康同被授四子，输掉了。我说康同让我两子，我就该摆六颗。老先生同意。不成想我竟赢了。这时已过夜里十一点，老先生却还要下，结果扳回一盘。刚好，不会下棋的几位同行者逛街回来，确实应该告辞。可是老先生说："下棋嘛，总得分个胜负，一比一算什么？"我倒乐得再下，不会下棋的可就难熬。有的坐在墙边的椅子上打起瞌睡。其他人只好再次出去逛夜景。这一盘，我又赢了。安永一老先生假装生气："中日友好嘛！你赢我这老头子，算什么友好？"说完又呵呵地开心地笑起来。在这天真的笑容里，我分明欣赏到了这位耄耋老者那一颗不泯的童心。

再一次有幸会面是在十年之后了，不过只有一刹那，永难磨灭的一霎那。

1990 年，以严文井会长为团长、陈祖德九段为顾问的首都文艺界围棋代表团应邀访日，东京、箱根、名古屋等地转过之后，于大阪出境。就在排队等候登机的时候，一个高大的身影匆匆奔了过来。定睛一看，哇！原来是安永一老先生！前一天，代表团曾与大阪棋手友好对局，他因有事没能出席，临行竟然赶到机场当面送行，这是怎样的一番深情厚谊啊！可马上就要出关了，来不及多说什么。老先生和每个团员匆匆握手之后，远远地向走进登机口的一行人伫望着。就这样，安永一先生那亲和、伟岸的身影，便永远地铭刻在了我的记忆里。

洪洲

围棋与天文

从弈之道

琴棋书画，自古为人们所追求，视为修身养性之本，而我的围棋生涯却是被"逼"出来的。在那动乱的年代，一个偶然的机会得知几个同学常在宿舍下围棋，我抱着凑热闹的心情也常去看看，当时，业务不许搞，"文化大革命"的运动又不愿参加，下棋便成了唯一的乐趣和消磨时间的方式，没想到，下棋也会上瘾，竟成了我业余生活的第一爱好。

"文革"时，国家围棋队被解散，队员们下放到通用机械厂劳动。通过一位曾是湖北省少年围棋冠军的学生的介绍，我有幸认识了他们。从此，我和他们便成了要好的朋友，他们教我下棋，我给他们讲些天文知识。在高手的指点下，数年之内，我的围棋水平有了不小的进步。陈祖德、华以刚、曹志林、王汝南等我都请教过。当今的棋圣聂卫平，也曾和我下过一盘指导棋，让五子我还赢了。这期间（大约有三四年的时间），我把所有能够自由支配的时间都泡在了围棋上。动乱过去了，人人都在诅咒这场"革命"，但对我来说，却还有一点小小的收获，这就是学会了围棋。

围棋的魅力是无限的。大企业家应昌期先生告诉我，他用百分之九十的时间研究围棋，只用百分之十的时间经商。钱不是挣来的，而是人家送来的，原因是他的布局好。他用了 15 年时间潜心研究围棋规则，相当于读了 3 个博士学位。我虽然无法和他相比，但花在围棋上的心思确实不少。从一个普通的围棋爱好者，慢慢地热心于组织和推广围棋活动。由我任主席的中国大学生围棋协会已经走过了 20 个年头。这项赛事由应昌期围棋教育基金会赞助，也叫做中国大学生应氏杯，每年举办一次，参赛规模越来越大，每届参赛人数均超过 150 人，日、韩、中国台湾、中国澳门、泰国等都派选手参加。此外，我还组织了名人教授杯和尧舜杯，参与组织了炎黄杯。我深深体会到围棋在诸多方面令人受益，陶冶情操，健脑益寿，广交天下朋友。

围棋有那么多优点，有没有缺点呢？当然也有。业余下棋者，切忌成癖。当年的北洋军阀段祺瑞就是一个棋癖，天天下午下棋。政府工作人员上班也可下棋。名手们和他下棋，只许输，不许赢。据说，有一位日本围棋高手带一名小徒弟和他对局，事先师傅告诉徒弟，这位是中国政府的总理，要手下留情。小徒弟一下上棋便把师傅的话忘了，一会儿工夫吃了段总理一块棋。师傅瞪了徒弟一眼，徒弟以为哪步棋没走好，赶紧再吃一块。因为平时学棋，都是棋没下好，师傅才瞪眼的。师傅又瞪了两眼，小徒弟把段总理杀了个片甲不留。棋下完了，小徒弟赶紧问师傅："我哪步棋没走好呀？"师傅给他一个耳光。

当然，我们今天的围棋爱好者，不会下出段祺瑞的"水平"来。

不解之惑

我曾在 20 世纪 80 年代初，两次率中国围棋代表团访问欧洲。那时的欧洲围棋刚刚走上活跃期，每年举行一次全欧围棋大会。特地邀请中国专业棋手参会，为的是指导当地的业余棋手，并推广围棋活动。我们除了作为贵宾参加大会和下指导棋，还到各国的围棋俱乐部访问。对我来说，这是一项最愉快的任务，不仅和当地的业余棋手对弈，还可以请专业棋手指导。但有一件事至今都不时在我脑海中徘徊，在匈牙利首都布达佩斯的年会上，日本的几位专业棋手和业余棋手也应邀参加，日本驻匈大使应邀在大会上讲话，他大谈了一通围棋是日本的国粹，日本棋手为在全世界推广围棋不遗余力等等。轮到我讲话，我本想谈一谈围棋是中国人的发明创造，但无法说出具体的 ABC，只能含糊其辞。至于中国围棋向世界推广，力度就更不够了。原来，欧洲的围棋是日本人 20 世纪初首先从匈牙利传入的。此后，有许多日本棋手陆续到欧洲授业，欧洲的围棋爱好者也到日本留学。因此，英文的围棋术语全都是日语音译，连围棋 GO 也是来自日语的"碁"。围棋规则自然也是日本的。访欧回来之后，我常常在关注一个问题，围棋到底是不是我们中国人发明的？究竟是怎样发明的？

纵观各种智力游戏，其起源基本上来自两个方面：战争和赌博。军棋最为直接和典型。中国象棋和国际象棋也都明显地来自于战争。国际上一般认为，这两种棋起源于印度，传到其他国家以后再加以改进。因为只有古代的印度才会用大象作为战争的工具。在中国古代战争，很少提到用象作为战争的工具。像麻将和扑克，都是来自于赌博。

唯独围棋，其来源令人费解。它不像是战争的游戏，这里没有将帅和士兵之分，每一个子都是平等的，每一个子发挥的作用也是等价的。大家齐心协力，为一个共同的占地目标去拼搏。围棋又没有丝毫的赌博味道。在围棋的通盘游戏过程中，赋予指挥官最大的想象空间。你可以先占小地，再去限制人家占大地，也可以先围大地，让人家的地永远围不够。但无论哪种战术，从布局到收官，都不能有一点儿懈怠，否则就会功亏一篑。这是一种何等大气的游戏啊！

围棋是中国人创造的，这一点毋庸置疑。翻遍世界各国的历史，从来没有哪一个国家在古代历史中提到过围棋。日本的围棋历史相当悠久，但明确是从中国引进的。

中国的围棋究竟是怎样发明的？由谁发明的？从来就是一个谜。所谓"尧造围棋，教子丹朱"，只是后人考证不出围棋的来历，给自己找了一个台阶。连尧帝本身的存在都带有很大的传奇色彩，怎么能断定围棋是他发明的？事实上，围棋正式见诸于史书，是从春秋时代。孔子和孟子都论述过围棋。孔子对围棋评价不高，认为是"消遣的东西"。孟子则体会颇深，他认为"学习围棋如果不专心于自己立足，并致力于攻克对方，就不能领会围棋的精髓"。看来，孔子的围棋水平很低，只能站在旁边看看别人下棋，至多是业余初段。孟子的水平，已经有业余四五段了，不然不会有这样深刻的体会。从孔孟的论述，可以看出，围棋在那个时代已经广为流传了。而且，当时围棋的下法和目前的并无二致。此后的各种记载中，包括汉高祖刘邦，唐太宗李世民……都热衷于围棋。但从来没有人讨论过，围棋的前身是什么，围棋的雏形是什么，围棋是怎样一步步改进的。因此，我们断定，围棋一生下来就是这个样子的。有人提到曾出土过 13 道，15 道或 17 道的棋盘，那可能都是一些简化的随葬品，绝不代表围棋的发展过程。

何路神仙，一下子就造出了如此完美的智力游戏，无需做任何改进，让人类享受了至少五千年。

天造围棋

围棋大师吴清源认为，围棋来自天文，每一个棋子代表的就是一颗星星。围棋是舶来品，这个舶，不是异国他乡，而是浩瀚宇宙。也就是说，有来自地球之外的智慧生命——外星人，到地球上传授了围棋。

如果，真是外星人教给了我们围棋。就必须回答：第一，宇宙中有外星人吗？第二，外星人到过地球吗？

近代天文学的成就之一，就是将探索外星人的存在放在研究课题中。我们的地球上之所以能够产生人类，必须具备一系列的优先条件。首先是地球本身的自然环境，地球的质量适中，它能吸附足够厚的大气层保护自己。在太阳系中，地球离太阳的距离排在第三位，仅次于水星和金星。太阳照在地球上的阳光适中，不冷又不热。地球的化学组成，也得天独厚，有大量的水，有足够的氧气。所有这些天赐条件，在行星中十分罕见。但是，仅有天然条件还不够，要想诞生生命，还必须有生命的种子，这就是蛋白质细胞，脱氧核糖核酸 DNA。DNA 不会自然产生，地球上的 DNA 究竟是怎样来的，至今是生命天文学的一个谜。一般认为，地球上的 DNA 是外来物种，DNA 像种子一样在宇宙中游荡，偶然之间落到了地球上，生根繁衍，从单细胞生命，一步步进化，最后演变成了人类。这的确是一个漫长又漫长的过程，但却是可以思议的。

地球上的生命在宇宙中不应该是唯一的。天文学家们努力地在宇宙中寻找另外一个地球。首先，在我们的太阳系里，除地球之外，只有火星上的自然条件好一些。近年来，宇宙飞船多次登陆火星，发现火星上面的自然环境仍然十分恶劣，仅仅在火星的北极冠地区发现了水。因此，在太阳系内完全不存在另一个有生命的天体。我们的目标必须瞄准太阳系之外的星球。

夜晚，我们看到的漫天星斗，就是浩瀚的宇宙世界。每一颗发光的恒星，其实就是一个太阳，它们的本质和我们的太阳完全一样。只不过有的比太阳亮一点，有的比太阳暗一点。天文学家的任务，首先是查寻天上的哪一个太阳其周围有地球环绕。这是一项空前艰巨的任务，因为所有的地球，自身是不发光的，很难被直接发现。目前，已采用多种方法去寻找宇宙中的地球，世界上，许多大型的天文台都把望远镜指向太空。前后寻找到了200多个地球之外的地球。2009年，美国宇航局发射了一颗专门的卫星，它不仅找到了1000多个地球，还找到了类似我们太阳系的行星系统，最多发现，一个太阳周围有6个行星。

现在的问题是，这些地球上有没有高等智慧的生命呢？天文学家们根据找到的地球数，再按照我们地球上产生生命的条件，去推算被发现的地球中，有多大的概率产生生命。这个生命概率的推演公式被称为绿岸公式，因为是在美国的绿岸天文台，由一批天文学家研发的。根据绿岸公式，在我们的银河系中，存在着1000亿颗太阳，而在这些太阳中，至少有40万个居住着高等生命的地球。也就是说，在我们银河系的小宇宙中，居住着外星人的地球至少是40万个！

这些外星人应该是和地球人一样，有一个漫长的进化过程，其文明程度也应该有很大的差异。表1列出了外星人的文明程度，共划分为三个级别。测量外星人居住的地球上的化学组成，就可以判断出外星人的耗能水平和利用能源的方式，从而判断外星人的文明程度。目前用这样的划分去考察我们的地球人，我们达到的水平只有0.7型。

表 1　外星人的文明程度

类型	耗能水平	发达程度
Ⅰ	10^{16} 瓦	能掌握和利用本行星上的全部资源
Ⅱ	10^{26} 瓦	能掌握和利用其中央恒星和本行星系统的物质和能量
Ⅲ	10^{36} 瓦	能掌握和利用周围恒星系用的能量

　　进一步的任务是和外星人沟通。就地球人目前的科技水平，实现星际间的旅行是完全不可能的。天文学家只能把我们地球上的信息，打包发送到宇宙太空，只要高等文明的外星人收到我们的信号，就会按要求反馈给我们。世界上的大型望远镜都在翘首以待，看谁能率先收到外星人发回的信号。

　　回到我们的围棋，如果认为围棋是外星人教的，则外星人应该造访过地球。外星人真的到过地球吗？人们设想了各种外星人访问地球的场面，不过那都是科幻小说和电影。认真考察外星人的足迹也的确发现了一些可能性。最令人感兴趣的是不明飞行物UFO。世界各地的 UFO 记录成千上万，在我国，古代就有过 UFO记载。造成 UFO 现象的原因很多，最大的可能性是太空中存在着大量的卫星和火箭的碎片，再一种可能性是一些奇特的局部气象现象。的确也有一些 UFO 令人费解，于是有人怀疑，会不会是外星人发射给我们的飞行物。

　　外星人到访地球的证据还有很多，但大都是一些推测和猜想，直接的证据不多。只有美国联邦调查局（FBI）提供的资料令人叫绝。不久前，美国联邦调查局解密了 20 世纪 50 年代的一份绝密资料。美国空军在新墨西哥州发现了特殊的飞碟，飞碟上还站着外星人，描绘得活灵活现。

外星人到访地球，迄今还没有发现令人信服的实证资料。如果硬说，我们的围棋是外星人传授的，或者外星人留下的，似乎难以令人信服。不过，围棋本身这样博大精深，这样令人莫测，现在再给它披上一层神秘的外衣，不是更能增加它的光彩吗？